INGO SCHMIDT
ANDRÉ CHALES DE BEAULIEU

EINE KULINARISCHE ENTDECKUNGSREISE HANNOVER, BRAUNSCHWEIG, WOLFSBURG & UMLAND

UMSCHAU

HANNOVER. DIE GRÜNE LANDESHAUPTSTADT VON NIEDERSACHSEN

INHALT

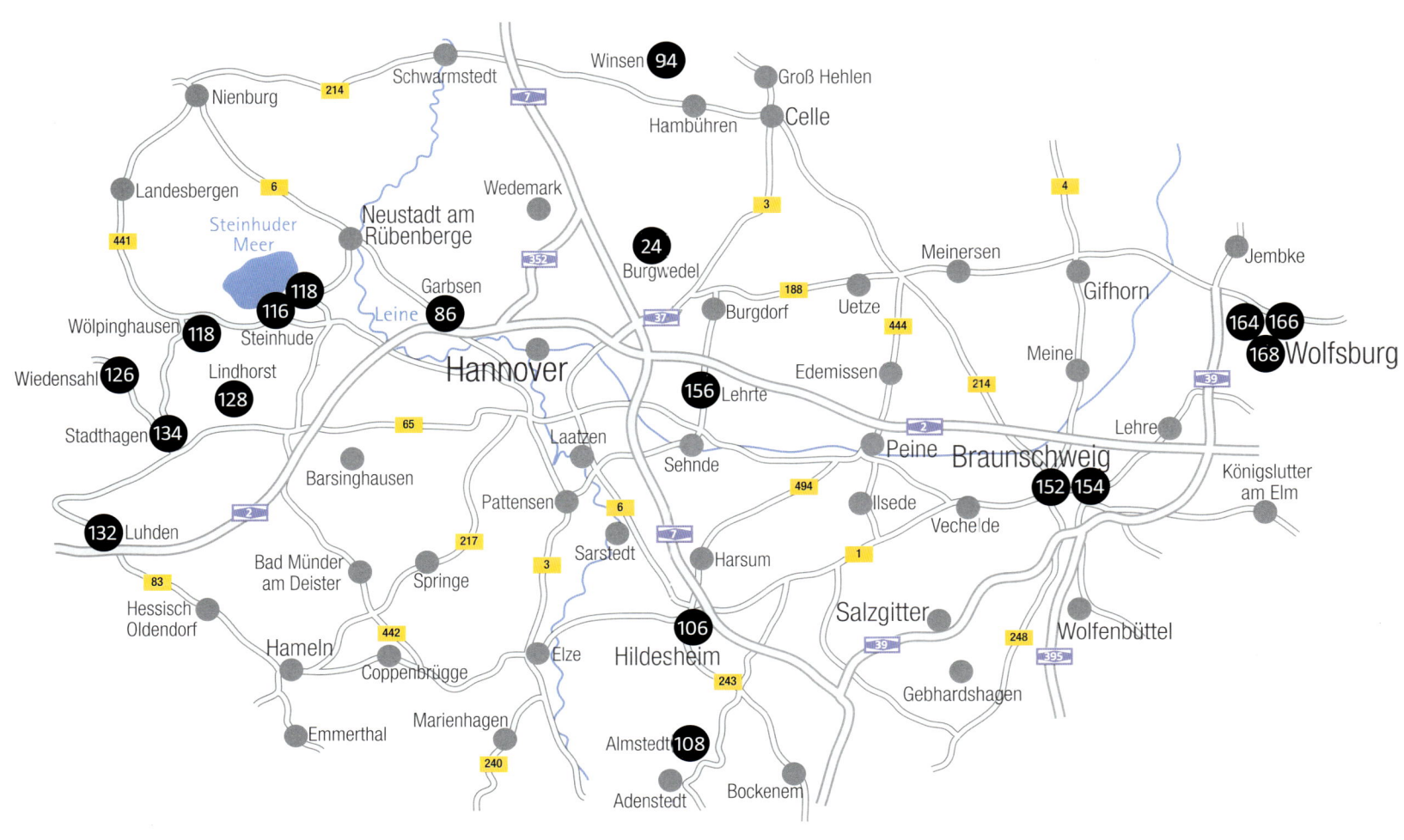

Winsen **94**
Schwarmstedt
Nienburg `214`
Groß Hehlen
Hambühren
Celle
Landesbergen `6`
`441`
Wedemark
Steinhuder Meer
Neustadt am Rübenberge
`352`
24
Burgwedel
`4`
Jembke
Garbsen
Leine
118
116 **118**
Wölpinghausen **118**
Steinhude
`188`
Meinersen
Gifhorn
164 **166**
Wiedensahl **126**
Lindhorst
128
`37`
Burgdorf
Uetze
`444`
Meine
168 Wolfsburg
Hannover
156 Lehrte
Edemissen
`214`
Lehre
`39`
Stadthagen **134**
`65`
Laatzen
Sehnde
Peine
Braunschweig
`2`
Königslutter am Elm
152 **154**
132 Luhden
`2`
Barsinghausen
Pattensen
`6`
`494`
Ilsede
Vechelde
`7`
Bad Münder am Deister
`217`
Springe
Sarstedt
`3`
Harsum
`1`
Salzgitter
Wolfenbüttel
`248`
`395`
`83`
Hessisch Oldendorf
`442`
Elze
Hildesheim
106
`39`
Gebhardshagen
Hameln
Coppenbrügge
`243`
Emmerthal
Marienhagen
Almstedt **108**
`240`
Adenstedt
Bockenem

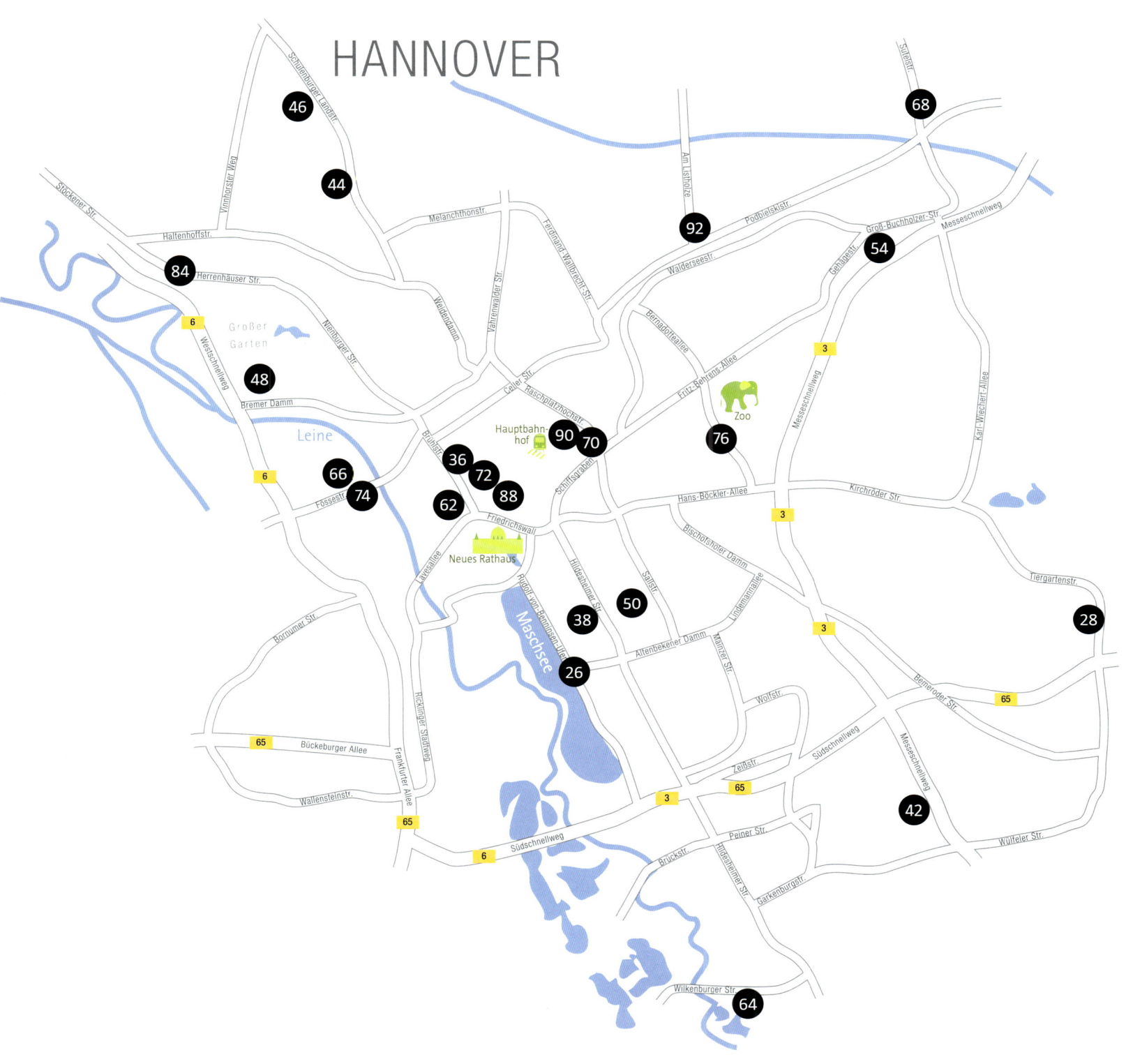

HANNOVER

Die Zahlen in der Karte sind identisch mit den Seitenzahlen der verschiedenen Betriebe in diesem Buch und zeigen ihre Lage in der Region.

VORWORT

Auf Entdeckungsreise durch die Metropolregion Hannover. Eine pulsierende Region mit gleich drei Großstädten: Hannover, Braunschweig und Wolfsburg. Rund vier Millionen Menschen leben hier, die wirtschaftliche Stärke ist beeindruckend, das wissenschaftliche Know How nicht minder. Europäisches Format hat diese Landschaft, die in Hannover und Braunschweig historisch vom Herrschergeschlecht der Welfen maßgeblich geprägt worden ist. Bis heute sind ihre Spuren in Kultur, Architektur, Landschaft und in der Kulinarik erlebbar. Weit über 100 Jahre war das hannoversche Königshaus mit London über die Personalunion verbunden. Im Jahr 2014 jährt sich die 300. Wiederkehr dieses sowohl kulturgeschichtlich als auch machtpolitisch bedeutenden Ereignisses in der Geschichte der heutigen niedersächsischen Landeshauptstadt.

Die Region ist gesegnet mit Innovation, Pioniergeist und Menschen, die in die Hall of Fame ihrer jeweiligen Epoche gehören. Denken wir nur an das Universalgenie Gottfried Wilhelm Leibniz. Was war der Mann nicht alles in der ganz eigenen Personalunion: Philosoph, Wissenschaftler, Mathematiker, Diplomat, Physiker, Historiker, Politiker, Bibliothekar. Und ein Wegbereiter der Moderne, Vordenker der Aufklärung. Er gründete die Preußische Akademie der Wissenschaften und entwickelte das binäre Zahlensystem. In Hannover schrieb Leibniz die Geschichte der Welfen, war Ideengeber an der Seite der Kurfürstin Sophie Charlotte von Hannover bei deren Idealausgestaltung des bis heute einzigartigen prachtvollen Barockgartens in Herrenhausen, der einstigen Sommerresidenz der Welfen. Und auch sonst war Begründer der Witwen- und Waisenkasse, den viele nur noch als Namensgeber einer hannoverschen Butterkeksspezialität assoziieren, omnipräsent. Am Ende seines siebzigjährigen Lebens war er freilich fast vergessen. Heute gilt er als das vielleicht letzte Universalgenie Europas. Auf seinen Spuren in Hannover zu wandeln, ist ein Elementarerlebnis, vor seinem Grab in der Neustädter Kirche zu stehen, eine fundamentale Erfahrung.

Hannover und das benachbarte Braunschweig, die stolze Stadt Heinrichs des Löwen, haben es beide geschafft, ihre vielfältigen kulturellen Reize bis in die Gegenwart lebendig zu halten. Hier wie dort gibt es reichlich Gelegenheit, den Alltag zu vergessen und sich hineinzubegeben in das Abenteuer Leben – mit Angeboten aus Theater, Kunst, Literatur, Museum, Architektur und Genuss. Braunschweig, Wolfsburg und Hannover offerieren bei aller Dynamik, bei aller in den Stadtbildern durchaus feststellbaren visionären Entwicklung, immer auch die lebens- und liebenswerten Rückzugsorte im Grünen. Hannover, die Kapitale an der Leine, gilt mit ihren großen Parkanlagen, dem Stadtwald Eilenriede oder dem im Jahr 2014 einhundert Jahre alten Stadtpark, gar als die grünste Großstadt in deutschen Landen. Braunschweig hat viele grüne Inseln entlang der Okerumflut zu bieten, und Wolfsburg neben futuristisch anmutenden Gebäuden eben auch den wunderschönen Allerpark und ganz viel Beschaulichkeit in den bis heute idyllisch gebliebenen Ortsteilen Vorsfelde und Fallersleben. Große Namen auch hier: Gotthold Ephraim Lessing, Hoffmann von Fallersleben, um nur zwei herausragende Geister zu nennen. Die Metropolregion inspiriert zu Höchstleistungen und zu sinnlichen Exkursionen, sie lädt ein zum Verweilen, zu Mußestunden und kostbaren Augenblicken der Rekreation.

BLICK AUF DAS 100-JÄHRIGE RATHAUS VON HANNOVER

Innerhalb des Städtenetzes sind gleich drei Fußballerstligisten angesiedelt. In Hannover die „Roten" von Hannover 96, in Wolfsburg die „Wölfe" des VfL Wolfsburg und in Braunschweig – nach vielen Jahren der Abstinenz – seit 2013 auch wieder die „Eintracht". Spannende und hochemotionale Regionalderbys sind garantiert, ebenso die friedliche Rivalität der drei Fanlager. Einigkeit herrscht darüber, dass die Region Hannover-Braunschweig-Wolfsburg einen sehr hohen Freizeitwert bietet, mit Angeboten für jede Generation. Sommers wie winters wählen Einheimische wie Besucher aus einer Fülle hochkarätiger Veranstaltungen und Events je nach Gusto aus.

Apropos Geschmack: Die Metropolregion ist eine Genießerregion ersten Ranges und muss den Vergleich mit anderen niedersächsischen Landschaften und Städten nicht scheuen. Eine Auswahl von repräsentativen gastlichen Querschnittsadressen bietet die vorliegende „Kulinarische Entdeckungsreise". Sie führt in Wort und Bild hin zu exquisiten Genussbotschaftern, zu Manufakturen, zu hoch dekorierten Restaurants, zu den Arrivierten der Weißen Zunft, aber auch zu den Talenten am Herd und zu gastlichen Kleinoden, die kulinarisch zu entdecken, lohnenswert ist. Egal ob besternt oder bodenständig-regional, die vorgestellten Gastronomen, Erzeuger und Produzenten führen Gutes im Schilde. Dass sie es verstärkt mit dem Verweis auf die regionale Verwurzelung tun und sich gerne von den Märkten aus der Nachbarschaft bedienen, sich also auf das ehrliche Handwerk der Landwirte verlassen, spricht für den Stolz der Menschen und die gelebte Tradition der lokalen Allianzen im Zeichen des guten Geschmacks.

Ingo Schmidt

AM UFER DES MASCHSEES, IM HINTERGRUND DIE HDI-ARENA

HANNOVERS ÄLTESTES GOTTESHAUS: DIE KREUZKIRCHE IN DER ALTSTADT

HANNOVER

Die Kapitale an der Leine

Hannover auf den zweiten Blick: eine nachhaltig faszinierende Stadt. Auf den ersten Blick wird sie nicht selten unterschätzt – mitunter gar von den Hannoveranern selbst. Dabei lebt es sich trefflich in der wohl grünsten Landeshauptstadt der Republik, die mit der Eilenriede sogar den zweitgrößten Stadtwald Europas besitzt. Zu entdecken gibt es reichlich in der im Jahre 1150 erstmals erwähnten Stadt, die einst prunkvolle Residenz des Königreichs Hannover war, und die Herzog Georg von Calenberg 1636 noch vor dem Erwerb der Kurfürstenwürde zu seiner Residenz erwählte.

Vor allem der Blick zurück offenbart, dass Hannover eine Stadt der besonderen Leistungen ist. Pioniertaten in Hülle und Fülle zeichnen die Metropole an der Leine aus. Bekannte Errungenschaften wie die Erfindung des Füllfederhalters oder, viel früher, die von Leibniz erdachte Rechenmaschine. Viele davon sind weitgehend vergessen. Doch es lohnt sich, sie wie einen Schatz zu bergen, denn mit ihnen korrespondierend sind kostbare städtische Preziosen darunter zu finden. Gut zu wissen, dass wir Hannovers Universalgenie und größtem Sohn der Stadt, Gottfried Wilhelm Leibniz (1646 – 1716), noch heute unsere Aufwartung machen können, wenn wir uns hinbegeben zum rekonstruierten Leibnizhaus in der Altstadt oder zu seiner Grablege in der Neustädter Hof- und Stadtkirche St. Johannis. Wer weiß denn heute noch, dass das deutsche Farbfernsehen durch Walter Bruch, einem Hannoveraner entwickelt wurde? Oder, dass der hannoversche Luftfahrtpionier Karl Jatho sich im Jahr 1903 in die Geschichtsbücher eintragen konnte als erster Mensch der Welt, dem ein Motorflug gelang. Dass hier im Nachkriegsjahr 1947 die Magazine „Stern" und „Der Spiegel" im Anzeigerhochhaus ins Leben gerufen wurden. Dass Hermann Löns, der spätere Heidedichter, beim Verleger August Madsack in Diensten stand, das ist schon eher bekannt. 1878 wurde in Hannover der älteste Fußballverein Deutschlands gegründet und auch die ersten Gaslaternen des europäischen Festlandes erleuchteten Hannover ab 1826. Hannover ist voll von diesen weniger bekannten zeitgeschichtlichen Reminiszenzen, die immer auch zu besonderen Orten führen.

Ganz Hannover und die vielen Gäste aus aller Welt gehen dabei buchstäblich auf den Strich, denn ein Roter Faden führt auf einer Gesamtstrecke von 4 200 Metern hin zu den Top-Sehenswürdigkeiten Hannovers. Sechsunddreißig davon sind markiert und in einer begleitenden Informationsbroschüre beschrieben. Natürlich gibt es, wir haben es angedeutet, noch viel, viel mehr. Ein paar von ihnen wollen wir benennen. Das Neue Rathaus führt den Reigen an. Im Jahr 2013 feierte es seinen 100. Geburtstag. Der wilhelminische Prachtbau ist das Wahrzeichen der Landeshauptstadt. Auf über 6 000 Buchenpfählen ruht das imposante Fundament dieses steinernen Postkartenmotivs. In der Welt einmalig ist der Bogenaufzug zur fast 100 Meter hohen Kuppel. Die Gäste werden in einem Winkel von 17 Grad in die Höhe befördert. Allein das ist schon ein Erlebnis, die Aussicht auf Stadt und Region aus luftiger Höhe ist schlicht spektakulär. Wieder unten angelangt, empfiehlt sich ein Abstecher an den Maschsee, der mitten in der City das maritime Paradies der Landeshauptstadt ist.

Die Altstadt, die im Zweiten Weltkrieg zu fast 90 Prozent zerstört wurde, ist fußläufig gut zu erreichen. Die gute Stube der Stadt gleicht einer historischen Insel mit dem Alten Rathaus und der Marktkirche im Zentrum des Altstadtviertels. Beide sind sehenswerte Beispiele der norddeutschen Backsteingotik des 14. Jahrhunderts. Nicht weit von hier ist es zum Leineschloss. Einst königliche Residenz und von Hannovers umtriebigstem Baumeister seiner Zeit, Georg Friedrich Laves, zwischen 1816 bis 1844 umgebaut, ist es heute Sitz des Niedersächsischen Landtags. Nicht fehlen sollte der Abstecher zum spätklassizistischen Opernhaus am Prachtboulevard Georgstraße, denn die Staatsoper Hannover, ebenfalls von Hofbaumeister Laves entworfen und erbaut, zählt zu den weltbesten Opernhäusern.

Als Metropole der kurzen Wege wird die Innenstadt von Hannover geschätzt. Flaniermeilen gibt es reichlich und eine Fußgängerzone in der Bahnhofstraße auf gleich zwei Ebenen. Die untere Promenade ist nach der Künstlerin Niki de Saint Phalle benannt, die im Stadtbild Hannovers ihre farbenfrohen Spuren hinterlassen hat. Beispielsweise in der Skulpturenmeile an der Brühlstraße. Hier am Leineufer sind sie anzutreffen, die opulenten Nanas als wegweisende Exponate. Hannover ist auch eine Hauptstadt der Museumskultur, der Theater und Kunstausstellungen von Rang. Im Sprengelmuseum ist die Moderne des 20. und 21. Jahrhunderts repräsentiert und die renommierte Kestnergesellschaft, die regelmäßig internationale zeitgenössische Kunst ausstellt, zählt zu den größten deutschen Kunstvereinen. Im ehemaligen Wallmodenpalais im Georgengarten ist das „Wilhelm Busch – Deutsches Museum für Karikatur und Zeichenkunst" untergebracht.

Ranglisten erfreuen sich großer Beliebtheit. Gälte es eine für die Top-Sehenswürdigkeiten in Hannover ins Leben zu rufen, so würde diese ganz sicher das Gartenensemble Herrenhausen anführen. Die Herrenhäuser Gärten sind ein herausragendes Zeugnis barocker Gartenkunst. Der Große Garten in Herrenhausen gehört zu den besterhaltenen und bedeutendsten Barockgärten in Europa. Im Jahr 1666 gegründet, verdankt er seine Weiterentwicklung maßgeblich der Kurfürstin Sophie, die den Garten Ende des 17. Jahrhunderts nach französischem Vorbild anlegen ließ. In prachtvoller Blüte und formvollendet steht er noch heute da, umrahmt von Prinzen-, Georgen-, Welfen- und Berggarten mit seiner größten Orchideensammlung Europas und dem Welfen-Mausoleum. Seit Anfang 2013 hat das beeindruckende feudale Gartenreich mit dem wieder errichteten Schloss Herrenhausen seinen architektonischen Bezugspunkt zurückerhalten. Die einstige Sommerresidenz der Welfen war im Zweiten Weltkrieg zerstört worden. Heute sind im Schloss ein Museum und ein wissenschaftliches Tagungszentrum untergebracht. Der Große Garten wird nun wieder über das Schloss betreten. Und pünktlich zum 300. Jubiläum der Personalunion zwischen Hannover und London hält die Landesausstellung im Jahr 2014 zum Thema „Als die Royals aus Hannover kamen" Einzug im Schloss zu Herrenhausen. Spätestens dann wird die inspirierende Landeshauptstadt von Niedersachsen einmal mehr die Welt zu Gast haben.

DER BALLHOFPLATZ: IDYLL IN DER HANNOVERSCHEN ALTSTADT

DIE BREZELMÄNNER MIT DEM VERGOLDETEN KEKS

HANNOVER KULINARISCH

Von Keksen, Pfannenschlägen und Welfenspeisen

Die Brezelmänner von Hannover sind glücklich. Sie haben ihren vergoldeten Leibniz-keks wieder. Das Wahrzeichen von Hannovers bekanntestem Gebäckhersteller, der 1889 von Hermann Bahlsen gegründeten Hannoverschen Cakesfabrik, hängt wieder an der Vorderfront des Jugendstilstammhauses in der List. Anfang des Jahres 2013 bekannte sich ein Erpresser in „Krümelmonsterkostüm" zum Diebstahl, verlangte Kekse als Lösegeld. Schließlich fand man im Sommer das 20 Kilo schwere Metallobjekt am Pferde-denkmal vor der Leibniz-Universität am Welfengarten wieder. Seitdem wird es videoüberwacht, denn der berühmte Keks mit seinen 52 Zähnen ist so etwas wie das kulinarische Aushängeschild der Stadt Hannover. Hat er doch die Welt erobert seit dem Zeitpunkt, als ihn Hermann Bahlsen nach seinem Aufenthalt als Zuckerhändler in London im Jahr 1891 erfand, ihn visionär erstmals in Tüten abpackte und binnen weniger Jahren zum Verkaufs-schlager machte. Nur 20 Jahre später wird der Leibniz Cake, benannt nach Hannovers größtem Sohn, dem Universalgenie Gottfried Wilhelm Leibniz, eingedeutscht. Fortan findet er als neue Wortschöpfung „Keks" sogar die Aufnahme in den Duden. Im selben Jahr 1911 gewann Bahlsen mit seinem Butterkeks die Goldmedaille bei der Weltausstellung in Chicago. Der Grundstein für den rasanten und bis heute gefestigten Aufstieg zum Global Player in Sachen Süßgebäck war gelegt. Seiner Zeit voraus, führte Bahlsen das Fließband ein, und auch die erste Leuchtreklame in Hannover war dem Pioniergeist des Unternehmers zu verdanken. Butterkekse verlassen als kulinarische Botschafter noch heute in stattlicher Zahl die Leinestadt und werden inzwischen in 80 Länder der Welt exportiert.

Zum Stichwort Kulinarik in Hannover gilt festzuhalten, dass die historische Nähe zu England aufgrund der Personalunion zwischen Hannover und London ihren Niederschlag auch in der Küche fand. Von 1714 bis 1837 saßen Hannovers Welfenherrscher zugleich auf dem englischen Thron. Nimmt es da Wunder, dass mit „Tee Seeger" Deutschlands ältestes Tee-Spezialhaus seit 1734 in Hannover beheimatet ist? Oder dass die „Welfenspeise" als das bekannteste hannoversche Referenzgericht unmittelbar mit der Vorliebe des Kurfürsten Ernst August (1629 – 1698) zu tun haben soll? Wenn im Jahr 2014 das 300. Jubiläum der Personalunion prachtvoll mit einer imposanten „Königs-Schau" in gleich fünf Museen und bei anderen Veranstaltungen gefeiert wird, dann hat ganz sicher auch die „Welfenspeise" ihren glanzvollen Auftritt.

Stadt und Land haben aber weit mehr zu bieten. Die traditionelle niedersächsische Küche wird in der Landeshauptstadt gepflegt. Die Hannoveraner mögen es deftig und fein zugleich. Auf die Tische kommt noch immer die Hausmannskost „Calenberger Pfannenschlag", die mancher Spitzengastronom der Stadt längst kreativ verfeinert hat. Grünkohl mit Bregenwurst und Schlachteplatte sind ebenfalls Klassiker auf dem Speisenplan der Traditionsgaststätten. Frisches Wild kommt aus dem nahen Deister und Heidschnucken liefert die Lüneburger Heide. Der Spargel wird aus Nienburg und Burgdorf im Frühling tagesfrisch zu den über 60 Wochen- und Bauernmärkten der Region Hannover gebracht. Erfreulich auch dieses: Die Zahl der Hofläden mit ihren saisonalen Angeboten an Gemüse, Obst und Fleischprodukten ist konstant hoch. Zu konstatieren bleibt gleichwohl: Die ruhmreichen Zeiten des Küchenwunders, als in den 1980er-Jahren die Gastrosterne über Hannover nur so funkelten, scheinen auf unbestimmte Zeit vorüber zu sein. Bei näherer Betrachtung jedoch ist die Dichte ausgezeichneter und mehrfach prämierter Genussadressen durchaus bemerkenswert. Ein Michelinstern leuchtet gleich nebenan in Burgwedel und zahlreiche Haubenlokale beweisen, dass mit Hannover, der in manchen Dingen unterschätzten Landesmetropole, auf dem weiten Feld der Kulinarik durchaus zu rechnen ist. Und wer die Markthalle gegenüber der Marktkirche betritt, der wird endgültig davon überzeugt, dass das Genießen in Hannover viele Facetten hat. Im Jahr 1892 als seinerzeit größter Stahl-Glasbau des Kaiserreiches erbaut, wurde der „Bauch von Hannover" im Feuersturm des Zweiten Weltkriegs zerstört. 1955 erfolgte der Wiederaufbau auf einer Fläche von 4 000 qm. Heute schlägt hier wieder das kulinarische Herz der Landeshauptstadt. Schon zum Frühstück sind die Stände umlagert und die Cafés gut besucht. Die Palette der Angebote ist riesig, auch Spitzengastronomen der Region schlendern durch die engen Verkaufsgassen, probieren hier und da und feilschen mit den Händlern.

Über die Genusswelten Hannovers zu reportieren ohne das Thema Bier zumindest zu erwähnen, wäre ebenso fahrlässig wie unvollständig. Denn Hannover ist noch immer eine Stadt, die sich zu ihrer langen Brauereitradition bekennt, auch wenn die eine oder andere private Brauerei nicht mehr in Betrieb ist oder von Großkonzernen geschluckt wurde. Ein Name darf nicht fehlen, ihm haben es die Biertrinker zu verdanken, dass Hannover Bierstadt wurde: Cord Broyhan. Er erfand im Jahr 1526 das nach ihm benannte Broyhan-Bier, machte das obergärige Bier zum Exportschlager der Stadt und bescherte seiner Heimat eine wirtschaftliche Blüte. Der „Broyhan-Taler" wurde zum Gütesiegel einer ganzen Zunft und der späteren Brauer-Gilde. Die im Jahr 1546 gegründete Gilde-Brauerei kultiviert es noch heute als Markenzeichen. In Hannover werden im Bauhaus Ernst August typisch „Hannöversche Bier-Spezialitäten" in absoluter Braufrische und in Bio-Qualität exklusiv für den regionalen Markt produziert. Hannovers Kultgetränk in Sachen Bier ist die berühmte „Lüttje Lage", das untergärige Schankbier, zu dem stets ein Gläschen Korn gereicht wird. Der Tradition folgend müssen Bier und Schnaps kunstvoll und fingerfertig gleichzeitig und in einem Zuge getrunken werden. Die Hannoveraner beherrschen die Zeremonie, für die vielen Gäste der Altstadtkneipen ist es eine willkommene Gaudi.

Ein Tipp zu guter Letzt: Wer im Hochsommer in der Landeshauptstadt weilt, der sollte zum Maschsee pilgern, denn dann steigt am Ufer des Sees alljährlich für drei Wochen das Maschseefest, das von den Hannoveranern längst zum „Naschseefest" umgetauft worden ist. Über 30 Gastronomen verwöhnen die jährlich annähernd zwei Millionen Besucher auf der kilometerlangen Schlemmermeile mit der Vielfalt des kulinarischen Angebots dieser genussfreudigen, liebens- und lebenswerten Metropole.

GENIAL-REGIONALE STERNEKÜCHE

Im Fachwerkidyll Ole Deele kocht Andreas Tuffentsammer brillant auf

LUFTIGE ZIEGEN-
KÄSESTEINE MIT
HOLUNDER UND
KOHLRABI
*Dieses Rezept finden
Sie auf der Seite 56*

KIRSCHE UND HEU
Dieses Rezept finden Sie auf der Seite 57

Im Jahr 2011 war ein kollektives kulinarisches Aufatmen in der Region Hannover zu vernehmen, als nach über zehnjähriger Vakanz endlich wieder der begehrte Michelin-Stern über dem Himmel von Hannover erstrahlte. Korrekterweise sollten wir von Burgwedel bei Hannover reden, denn Andreas Tuffentsammer erkochte dort mit seinem Team als seinerzeit jüngster Sternekoch Deutschlands den begehrten Macaron für das Hotel und Restaurant Ole Deele, dem liebevoll renovierten, denkmalgeschützten Bauernhaus aus dem Jahr 1828. Der junge hochtalentierte Koch aus dem Schwäbischen darf als echter Glücksgriff, auch für Patronin Elfrun Kühn, bezeichnet werden, denn was der erst 27-jährige Aromenkünstler hier in der Peripherie der Landeshauptstadt gemeinsam mit seinem Souschef Tony Hohlfeld (zuvor bei Zwei-Sterne-Koch Hendrik Otto im Berliner Adlon) kulinarisch auf die Beine stellt, zählt zum Besten, was Niedersachsen an feinster Küche zu bieten hat. Wie in keinem zweiten Restaurant in der Region verschreibt sich das Küchenteam der regional motivierten Kulinarik. Was die Brigade nach dem Motto „genial regional" an lukullischen Pretiosen kreiert, ist formvollendetes Handwerk. Die aufwändigen Menüfolgen sind stets à jour, folgen kompromisslos der Jahreszeit. Großes Gaumenkino ist garantiert, wenn Kreationen wie „Steinbutt gebraten mit Lardo, Fenchelsud, Topinambur, Fenchelgrün und Bohnenkraut" oder „Luftige Ziegenkäsesteine mit Holunderblüten und Kohlrabi" vom aufmerksam, freundlichen Service aufgetragen werden. Dem Gast zur Seite steht Sommelière Mona Schrader, die vom 3-Sterne-Restaurant Aqua aus Wolfsburg nach Burgwedel kam und ebenso eine wertvolle Bereicherung für das Gesamtgenusswerk Ole Deele ist wie das prachtvoll inszenierte eigene Kochbuch, das unter dem weitsichtigen Patronat von Familie Kühn 2012 in Eigenregie herausgebracht wurde und auf Anhieb für den Gourmand World Cookbook Award nominiert war.

OLE DEELE
HOTEL & RESTAURANT
Elfrun Kühn
*Heinrich-Wöhler-Straße 14, 30938 Burgwedel
Tel. 0 51 39 / 99 83-0
www.ole-deele.de*

LOGENPLATZ AM MASCHSEE

Am traumhaft schönen Ostufer residiert in 1A-Lage das Pier 51

Eine der gastronomischen Adressen der Leinemetropole ist in direkter Seelage am Ostufer des Maschsees zu finden: Das Pier 51 am Rudolf-von-Bennigsen-Ufer ist mit seinem urban-kosmopolitischen Ambiente aus rundum verglaster Fassade und der traumhaften Außenterrasse längst ein Hauptanziehungspunkt der Landeshauptstadt. Hier treffen sich Hannoveraner, aber auch die Touristen aus nah und fern und all jene, die in ungezwungener Atmosphäre anspruchsvolle, frische Küche genießen möchten. Das stimmungsvolle Restaurant erfreut sich seit seiner Eröffnung im Sommer 1999 anhaltenden Zuspruchs. Die spektakuläre Lage mit fantastischem Seeblick ist nicht nur bei Liebhabern von romantischen Sonnenuntergängen beliebt. Die Mischung aus regionaler Kost und von leichter Hand inszenierter kreativer Jahreszeitenküche trifft den Zeitgeist. Alles, was die Küchenbrigade unter Leitung ihres langjährigen Küchenchefs Torsten Meyer in das stets sehr gut besuchte Lokal schickt, ist von ausgewiesener Güte und handwerklichem Können. Lobenswert zudem, dass alle Hauptgerichte auch als halbe Portion bestellt werden können. Also: beste Aussichten auf den See und beste Aussichten auch für den unbeschwerten Genuss.

Flaneure und Feinschmecker genießen vorneweg Pfeffermatjes auf Ackersalat mit Apfel-Meerettichschmand und lassen sich auch die Dorade auf Süßkartoffel-Zuckerschotengemüse oder die Maishähnchenbrust auf Trüffelgnocchi munden. Zum Finale goutiert die große Pier-51-Fangemeinde die Rohmilchkäseauswahl und die sündhaft leckere Dessertvariation Pier 51.

Die imposante Bar gleich nebenan ist bestens bestückt und ebenfalls ein absoluter Lieblingsplatz. In den Sommermonaten öffnet der „Piergarten" und lädt zu herzhaften Deftigkeiten und frisch gezapftem Bier ein. Das „Burger BBQ" anlässlich des alljährlichen Maschseefestes ist legendär. Die vielfältig ausgerichtete gastronomische Veranstaltungskompetenz von Geschäftsführer Peter Dührkoop und seinem Team im „Restaurant der vielen Gelegenheiten" nicht minder. Die Weinkarte wird bestens gepflegt, sie enthält erfreuliche Trouvaillen und immer wieder auch schöne Entdeckungen aus deutschen Landen.

LAMMKARREE IN PISTOU
Dieses Rezept finden Sie auf der Seite 58

PIER 51
Peter Dührkoop
Rudolf-von-Bennigsen-Ufer 51, 30173 Hannover
Tel. 05 11 / 8 07 18 00
www.pier51.de

ITALIENISCHE GRANDEZZA

Biagio Tropeano und Kai Bachmann – Genussbotschafter in Kirchrode

MILLEFEUILLE VOM THUNFISCH UND KALB AN KAPERNVINAIGRETTE UND SARDISCHEM BROT
Dieses Rezept finden Sie auf der Seite 32

PERCIATELLI MIT SUGO VOM CINTA-SENESE-SCHWEIN UND PECORINO
Dieses Rezept finden Sie auf der Seite 34

GEWEBTE NUDELPLATTE (LASAGNETTE) MIT HUMMER UND MEERESFRÜCHTEN AN KRUSTENTIERSAUCE MIT GRÜNEM SPARGEL
Dieses Rezept finden Sie auf der Seite 30

Das Buch der Auszeichnungen ist prall gefüllt. Wer bei Biagio Tropeano zu Gast ist, der weiß, dass ihn Lukullisches von exzellenter Machart erwartet. Seit dem Jahr 2003 ist das mehrfach prämierte Genussreich des aus der Lombardei stammenden Patrons im ältesten Fachwerkhaus von Hannover angesiedelt. Kochte der deutsche Küchenchef Kai Bachmann als langjähriger Weggefährte und guter Freund des Weinexperten Tropeano über Jahre erfolgreich in Isernhagen-Süd, so hat sich seine kreative und hochwertige italienische Küche der Jahreszeiten auch im eleganten Interieur des denkmalgeschützten Hauses eine bundesweite Fangemeinde erschlossen. Nirgendwo sonst in Hannover wird im mediterranen Versuchsfeld so hoch dekoriert gekocht wie in Kai Bachmanns italophilem Laboratorium der Genüsse. Der Gault-Millau vergibt 16 Punkte und preist „bei aller Einfachheit" geradezu hymnisch die „große Küche". Von Hand geschrieben sind die Speisenkarten, die wie kleine Kunstwerke wirken und all das ankündigen, wofür das Restaurant Tropeano Di-Vino seit Jahren steht: die traditionelle Küche aus den Regionen Italiens basierend auf alten Rezepten, die auf Basis vorzüglicher Grundprodukte verfeinert und modern interpretiert in neuem optischen Gewand dargeboten werden. „Uns geht es um konkrete Visionen, zu zeigen, welche Möglichkeiten die italienische Küche jenseits eingetretener Pfade bietet", beschreibt Biagio sein rigoroses Qualitätsverständnis. Die Produkte sind durchgängig von edler Provenienz. Da kann ein Menü verheißungsvoll mit Millefeuille von Kalbsbries und schwarzem Venere-Reis, Vin Cotto und Spumantesauce beginnen und sich im Takt des Zungeschnalzens fortsetzen mit Kichererbsenvelouté und gegrillten Langoustinos mit Muscheln auf aromatisierten Rosmarinöl, und seinen krönenden Abschluss mit Schokoladenraviolini auf Pistaziensauce finden.

RESTAURANT TROPEANO DI-VINO
Biagio Tropeano
Kleiner Hillen, 30559 Hannover
Tel. 05 11 / 3 53 31 38
www.restaurant-tropeano.de

REZEPTE

GEWEBTE NUDELPLATTE (LASAGNETTE) MIT HUMMER UND MEERESFRÜCHTEN AN KRUSTENTIERSAUCE MIT GRÜNEM SPARGEL

Restaurant Tropeano Di-Vino, Seite 28

ZUTATEN
NUDELTEIG SCHWARZ

225 g Mehl, 25 g Weizengrieß fein, 3 Eier, 1 Eigelb,
1/2 EL Olivenöl, 30 g Sepia-Tinte, etwas Salz, etwas Wasser

NUDELTEIG GELB

225 g Mehl, 25 g Weizengrieß fein, 1 Ei, 5 Eigelbe,
1/2 EL Olivenöl, 3 g gemahlener Safran, etwas Salz,
etwas Wasser

HUMMERSAUCE

400 g Hummerkarkassen (ersatzweise Gamba Karkassen),
20 ml Pflanzenöl, 80 g Zwiebeln, 20 g Sellerie, 1/2 Stange
Lauch, 30 ml Brandy, 100 ml Fischfond, 80 ml Sahne,
20 g Mascarpone, 20 ml Weißwein, 10 ml weißen Port,
20 g Tomatenmark, 1 frische Tomate, 50 g Butter,
Salz, Pfeffer, Cayennepfeffer

MEERESFRÜCHTERAGOUT

4 Jacobsmuschelkerne, 4 Hummermedaillons,
4 Stück Hummerscherenfleisch, 4 Gambas (ausgelöst),
4 kleine konfierte Pulpo-Arme, 4 Kaisergranatschwänze
(ausgelöst), 1/2 Limone, 20 g Butter, Olivenöl, Salz, Pfeffer,
8 Stangen grüner Spargel (geschält, blanchiert und in
Olivenöl leicht angebraten)

ZUBEREITUNG
NUDELTEIG SCHWARZ

In einer Schale Mehl, Weizengrieß und Salz verrühren.
Eier, Eigelbe, Olivenöl und die Sepia-Tinte gut verrühren
und zu dem Mehl geben und zu einem glatten, trockenen
Teig verkneten, gegebenenfalls Wasser zugeben. In Folie
einschlagen und circa 1 Stunde ruhen lassen.

NUDELTEIG GELB

In einer Schale Mehl, Weizengrieß und Salz verrühren. Ei, Eigelbe, Olivenöl und den gemahlenen Safran gut verrühren und zu dem Mehl geben. Zu einem glatten, trockenen Teig verkneten, gegebenenfalls Wasser zugeben. In Folie einschlagen und etwa 1 Stunde ruhen lassen. Den Teig dünn ausrollen und circa 60 Bandnudeln, 20 Zentimeter lang und 6 Millimeter breit, herstellen. Auf ein Blech legen, mit einem Tuch abdecken und kalt stellen. Den restlichen schwarzen und gelben Nudelteig zu Nudelplatten verarbeiten ebenfalls kalt stellen.

Die zugeschnittenen Bandnudeln zu Nudelplatten weben und dann die Enden mit einem stumpfen Messer abschneiden, so dass die Enden miteinander verkleben. Mit einem Nudelholz die Platten leicht andrücken. Pro Person je eine gewebte, eine gelbe und eine schwarze Nudelplatte in reichlich leicht kochendem Salzwasser al dente kochen. Nudelplatten in einer Pfanne mit Butter warm bereitstellen. Mit Salz und Pfeffer abschmecken.

HUMMERSAUCE

Hummerkarkassen zerkleinern, abspülen und im Ofen trocknen. Die trocknen Karkassen in einem Topf mit dem Öl anschwitzen, mit dem Brandy ablöschen und flambieren. Das in kleine Würfel geschnittene Gemüse zugeben und mit anrösten. Tomatenmark zugeben, anschwitzen und mit dem Fischfond auffüllen. Sahne, Mascarpone, weißen Port und die zerdrückte Tomate zugeben. Circa 30 Minuten leicht köcheln lassen. Anschließend durch ein feines Sieb passieren. Etwas einköcheln lassen. Mit Salz, frisch gemahlenem Pfeffer und Cayennepfeffer abschmecken. Mit der kalten Butter aufmontieren und bereitstellen.

MEERESFRÜCHTERAGOUT

Meeresfrüchte waschen, trocken tupfen und kalt stellen. Hummersauce in einem Topf erwärmen, bereitstellen. In einer beschichteten Pfanne etwas Olivenöl erhitzen und die Meeresfrüchte von beiden Seiten kurz anbraten. Die Butter zugeben und mit Salz, Pfeffer und der Limone würzen. Nun das Meeresfrüchteragout auf vorgewärmten Tellern abwechselnd mit den erwärmten Nudelplatten, der Hummersauce und dem gebratenem grünem Spargel schichten.

2012 BIANCO DELLE CRETE

WINZER: ANGELO DA RE
AZIENDA AGRICOLA DA RE
FONTANELLE TREVISO

Ein Gericht, das ursprünglich aus den Küstenregionen stammt und das es in verschiedenen Variationen in Ligurien, Apulien, Sizilien oder Sardinien gibt. Hier haben wir das Gericht bereichert und die Veränderung besteht darin, dass die Krustentiersauce dem Gericht eine Cremigkeit verleiht, die Lasagnette umhüllen das Ganze. Hierzu braucht es einen Wein, der Körper aufweist ohne zu schwer zu wirken. Der Bianco delle Crete ist gekeltert aus 50 % Weißburgunder und 50 % Chardonnay. Der Weißburgunder gibt ihm Körper, der Chardonnay die Frische. Dadurch entwickelt der Bianco delle Crete eine besondere Eleganz, die sehr gut mit dem Hummer harmoniert. Die Aromen entwickeln sich langsam im Glas und erinnern an gelbe Äpfel und Akazienhonig, ein Unterton, der an weiße Feldblumen erinnert und perfekt mit dem grünen Spargel harmoniert. Die Weichheit und der elegante Körper dieses Weines umschmeicheln das Gericht.

REZEPTE

MILLEFEUILLE VOM THUNFISCH UND KALB AN KAPERNVINAIGRETTE UND SARDISCHEM BROT
Restaurant Tropeano Di-Vino, Seite 28

ZUTATEN

300 g parierter Kalbsrücken, 300 g Thunfischfilet (Sushi-Qualität), 4 Scheiben Pane Carasau (hauchdünnes Fladenbrot aus Sardinien), 2 EL Kapern, 60 ml Olivenöl, Saft von 1 Limone, etwas gehackter Rosmarin, Thymian und Blatt-Petersilie, 1 mittelgroße Schalotte (klein gewürfelt), 1 EL Staudensellerie (klein gewürfelt), 1 kleine Tomate (blanchiert, Haut und Kerngehäuse entfernt, gewürfelt), 100 g Thunfisch in Öl (abgetropft, abgespült), 1 Sardellenfilet in Öl (abgespült, fein geschnitten), 40 ml Sahne, 10 ml weißer Balsamessig, 20 ml Balsamessig, 20 ml Weißwein, 100 g Wildkräutersalat (oder Feldsalat, Frisee, Rucola), Meersalz, schwarzer Pfeffer

ZUBEREITUNG

Den Thunfisch abwaschen, trocken tupfen und in dünne Scheiben (pro Portion 3 Scheiben) schneiden. Aus 50 Milliliter Olivenöl, Kapern, Limonensaft, Salz und Pfeffer eine Vinaigrette herstellen. Auf einem Edelstahlblech etwas Vinaigrette verteilen, die Thunfischscheiben nebeneinander auf die Marinade legen, die Scheiben auch von oben einstreichen, etwas Marinade aufheben. Abdecken und für 3 Stunden in den Kühlschrank stellen.
Für die Thunfischcreme die Schalotten in einem Topf mit 1 Esslöffel Olivenöl anschwitzen, Staudensellerie, Tomatenwürfel, Thunfisch (aus der Dose) und ein Sardellenfilet zugeben. Mit dem Weißwein ablöschen, Sahne und weißen Balsamessig hinzufügen und etwas kochen lassen. Mit Salz und Pfeffer abschmecken, mit einem Mixer pürieren, durch ein Sieb streichen und warm stellen. Den Wildkräutersalat putzen und mit Olivenöl, Balsamessig, Salz und Pfeffer abschmecken.

Pane Carasau grob brechen mit einer Marinade aus Olivenöl, Rosmarin, Salz und Pfeffer bestreichen und im Ofen warm stellen.
Kalbsrücken in dünne Scheiben schneiden (pro Portion 2 Scheiben) mit den gehackten Kräutern, Salz und schwarzem Pfeffer würzen. In einer beschichteten Pfanne von einer Seite anbraten. Marinierte Thunfischscheiben ebenfalls vorsichtig von einer Seite anbraten.
Nun auf vorgewärmten Tellern schichtweise Brot, Thunfisch, Kalbsfleisch und Thunfischcreme anrichten. Mit der restlichen Kapernvinaigrette und Olivenöl nappieren, mit etwas schwarzem Pfeffer aus der Mühle würzen. Den Salat außen um das Millefeuille anrichten.

2012 VERDICCHIO DI MATELICA
WINZER: FABIO MARCHIONNI
COLLESTEFANO
CASTELRAIMONDO (MC)

Dieses Gericht ist eine neue Interpretation des Klassikers Vitello Tonnato, eine moderne Variante, die dem Zeitgeist entsprechen soll, eingebunden im Ursprung der italienischen Küche mit der Leichtigkeit des Sommers, dazu ein Verdicchio di Matelica, modern und biologisch ausgebaut, aber auch verwurzelt mit seiner Persönlichkeit in der Region. Er unterstützt das Gericht mit seiner frischen und kernigen Säure. Die Kopfaromen erinnern an Zitrusfrüchte und unterstreichen den Thunfisch, seine Mineralität betont das Kalbfleisch. Und doch bleibt er als eleganter Begleiter stets im Hintergrund.

REZEPTE

PERCIATELLI MIT SUGO VOM CINTA-SENESE-SCHWEIN UND PECORINO

Restaurant Tropeano Di-Vino, Seite 28

ZUTATEN FÜR 6 PERSONEN

RAGOUT

900 g Cinta-Senese-Schweinenacken, 80 g Schweine-schmalz, 50 ml Olivenöl, 200 g Schalotten, 50 g Knollensellerie, 50 g Staudensellerie, 50 g Karotte, 5 Knoblauchzehen, 50 g Pancetta (italienischer Bauchspeck), 600 g Dosentomaten püriert (San Marzano) 150 g Fleischtomatenfilets (blanchiert, gehäutet und entkernt), 100 ml Tomatensaft, 50 g getrocknete Tomaten, 2 Lorbeerblätter, 2 EL Tomaten-mark, 300 ml kräftigen Rotwein, 400 ml Gemüse oder Kalbsfond, 200 ml dunkle Grundsauce, 2 Chilischoten, 80 g frisch geriebenen Pecorino Käse, etwas frischen Thymian, Rosmarin und glatte Petersilie

NUDELTEIG FÜR DIE PERCIATELLI

250 g Hartweizengrieß möglichst fein, 250 g Mehl Type 405, 4 Eier, 2 Eigelbe, 0,5 TL Salz, etwas Olivenöl, nach Bedarf Wasser

ZUBEREITUNG

RAGOUT

Den Schweinenacken waschen, trockentupfen und in Würfel (1 Zentimeter mal 1 Zentimeter) schneiden. Schalotten, Knollensellerie, Staudensellerie, Karotte, Pancetta und Tomatenfilets in feine Würfel schneiden. Knoblauchzehen schälen und fein hacken. Getrocknete Tomaten in feine Streifen schneiden. Kräuter zupfen und hacken. Chilischoten fein hacken. In einem flachen Bratentopf das Schweineschmalz erhitzen. Die Schweinenackenwürfel zugeben und von allen Seiten anbraten, bis alles Farbe genommen hat. Gemüse, Pancetta, Chili, Kräuter, Knoblauch zugeben und mit den Fleischwürfeln weiter braten. Tomatenmark und Lorbeer zufügen und weiter anschwitzen. Mit dem Rotwein ablöschen und etwas reduzieren. Dosentomaten, Tomatensaft, Fond und die dunkle Grundsauce zugeben und mit Salz und Pfeffer würzen.

Ohne Deckel in den vorgeheizten Ofen bei 220 °C geben. Circa 1 Stunde garen, ab und zu umrühren und darauf achten, dass der Sugo nicht zu stark reduziert (ggf. Wasser zugeben). Wenn das Fleisch weich ist, mit Salz und Pfeffer abschmecken und warm stellen.

NUDELTEIG

Hartweizengrieß, 200 Gramm Mehl (das restliche Mehl brauchen wir zum Ausrollen) und Salz in eine breite Schale geben und verrühren. Eine Mulde bilden und in die Mulde die Eier, Eigelbe, Olivenöl und etwas Wasser geben. Die Zutaten miteinander vermischen und mit den Händen gründlich zu einem glatten, kompakten Teig verkneten. Sollte es am Anfang so aussehen, als ob sich der Grieß nicht auflösen würde, einfach länger kneten, umso geschmeidiger wird der Teig. Dieser darf zu Beginn nicht zu trocken sein. Wenn er zu fest wird, tropfenweise Wasser zufügen. Ist er zu weich, noch etwas Grieß unterkneten.

Den Teig dann zu einer Kugel formen, in Klarsichtfolie wickeln und etwa 1 Stunde ruhen lassen. Dann den Teig auf einer auf einer leicht bemehlten Arbeitsfläche mit dem Nudelholz auf 4 Millimeter Stärke ausrollen. Ein paar Minuten antrocknen lassen, dann mit einem Messer in 4 Millimeter breite Streifen schneiden und etwas antrocknen lassen. Die Nudeln in reichlich sprudelndem Salzwasser al dente kochen. Das Ragout in einer Pfanne erhitzen, die Nudeln zugeben und noch leicht köcheln lassen damit die Nudeln die Sauce aufnehmen können. Mit Salz und frischem schwarzen Pfeffer nachwürzen.
Auf vorgewärmten Tellern anrichten und mit dem Pecorino Käse bestreuen.

WINZER: ALESSANDRO FRANCOIS
CHIANTI CLASSICO
CASTELLO DI QUERCETO
DUDDA GREVE CHIANTI

Dieser Wein verkörpert die Seele der Region und somit auch die Seele dieses Gerichts. Er verbindet die Aromen der Toskana – von wilden Beeren und der Marasca-Kirsche bis hin zu den Kräutern, die wild wachsen. Es ist ein Wein, der auf kargen Böden wächst. Mit den typischen Rebsorten Sangiovese und kleinen Anteilen von Canaiolo und Colorino gekeltert, entspricht er den toskanischen Traditionen sowie diesem Gericht, das aus der Tradition der „Cucina povera Toscana" entspringt und deren Genialität in der Einfachheit darstellt.

TRADITION UND QUALITÄT

Das Roma ist seit 34 Jahren eine kulinarische Instanz

Das Roma ist kein Lokal, sondern eine hannoversche Institution. Seit mehr als 34 Jahren werden hier Stammgäste, Einheimische, regionale und überregionale Prominenz von den Geschwistern Lino Venturini und Cesarina Raschiatore mit einer grundsoliden, bodenständigen Küche der Abruzzen vertraut gemacht. Dabei ist der Ort des kulinarischen Geschehens geradezu unscheinbar. Nach dem Durchschreiten der Eingangstür findet man sich in einem zurückhaltend in dunkelbraun und karmesinrot gehaltenen Gastraum wieder, wird von dem stets aufmerksamen Lino Venturini empfangen und an einen der Tische für insgesamt 45 Gäste geleitet.

Grundlage für den lang anhaltenden Erfolg des Roma ist eine kompromisslose Orientierung an der Qualität der verarbeiteten Produkte, die in nicht geringer Zahl von regionalen Produzenten und Lieferanten bezogen werden. Cesarina Raschiatore weiß in der Küche überzeugend mit diesen guten Grundprodukten umzugehen. Ihre Handschrift zeigt sich in überlegten Zubereitungen und einem kräftigen, aber immer ausgewogenen Geschmacksbild bei so unterschiedlichen Gerichten wie Seezunge, Scampi, Lammbraten oder Kalbskotelett. Der klassische Vorspeisenteller, bestehend aus Vitello tonnato und Carpaccio, hat in Hannover Schule gemacht und auch Eingang in die Speisenkarten anderer Lokale gefunden. Ebenfalls ein absolutes Muss sind die wunderbaren Spaghetti, Cannelloni und Lasagne aus eigener Herstellung.

Aus der eigenen Vinothek von Lino Venturini und Schwager Umberto Raschiatore, die einen überzeugenden Überblick über die Vielfalt italienischer Weine und manche Entdeckung kleiner Erzeuger bietet, stammen die Weine und Grappe. Die Weinflaschen werden kommunikations- und verkaufsfördernd gleich auf den Tisch gestellt, wobei die Abrechnung nach tatsächlichem Konsum nicht zum Nachteil des Gastes ausfällt. Keine Frage, hinter dem braunen Vorhang in der Eingangstür eröffnet sich das sinnliche Genussreich eines der besten italienischen Restaurants der Stadt.

DOLCE PRIMAVERA
Dieses Rezept finden Sie auf der Seite 58

RISTORANTE ROMA
Cesarina Raschiatore & Lino Venturini
Goethestraße 24, 30169 Hannover
Tel. 05 11 / 1 31 62 05

DIE MAGIE DER GASTLICHKEIT

Genuss pur im Zauberlehrling des Roderick von Berlepsch

Einfach zauberhaft, dieser Zauberlehrling in der Südstadt von Hannover. Schon beim Betreten des exklusiv gestalteten Restaurants in der Geibelstraße wird deutlich, was Besitzer Roderick von Berlepsch am Herzen liegt. Der Gastronom aus dem berühmten Geschlecht derer von Berlepsch möchte verzaubern, Emotionen wecken und eine gastliche Kultur in Hannover inszenieren, die sich mit seiner einzigartigen Atmosphäre und dem exquisiten Interieur wohltuend vom Mainstream abhebt. Als leidenschaftlicher Goethe-Liebhaber hat sich Roderick von Berlepsch von dessen Gedicht „Der Zauberlehrling" in der Namensfindung inspirieren lassen. Im Vergleich zum Dichter-Sprössling ist der kulinarische Neuzugang in Hannover von Anfang ein Meister seines Fachs. Der große Wurf ist gelungen, die Gäste kommen, staunen und genießen. Hier hat sich niemand überschätzt, sondern die Bedarfssituation in der Gastroszene der Landeshauptstadt klug und weitsichtig ausgelotet und passgenau eingeschätzt.

Schon das Entree ist von erhabener Grandezza, im Innern setzt sich die Noblesse fort mit der gelungenen Assemblage aus Moderne und Tradition. Stein, Holz und Leder sind wunderbar sich einfügende Stilelemente. Die offene Showküche mit angeschlossener Bar, das geschickt inszenierte Lichtkonzept der indirekten Beleuchtung und der große Kamin sorgen für kommunikationsstarke Momente der Geborgenheit. Da ist zunächst die Küche, die von den beiden Küchenchefs Viktor Rundau und Robert Volmari (vormals im Gasthaus Wichmann) verantwort und als „gehoben, aber nicht abgehoben" bezeichnet wird. Ganz selbstbewusst und in der Region verwurzelt werden die saisonalen Gerichte als „bodenständig deutsch" annonciert. Der Verweis auf den „gehobenen Anspruch" und die kompromisslose Selektion der hochwertigen Produkte und Zutaten unterstreicht dann doch, dass im Zauberlehrling ambitioniert, modern und kreativ à la minute gekocht wird. Löblich ist, dass Patron und Brigade in dieser noblen Kulisse die kulinarischen Traditionen Hannovers beleben, wenn sie beispielsweise „Calenberger Pfannenschlag" in zeitgemäßem Gewand und dennoch nach traditioneller Rezeptur offerieren. Probieren sollte man das „Niedersachsensushi", das zum

NIEDERSACHSENSUSHI
Dieses Rezept finden Sie auf der Seite 59

Referenzgericht des Zauberlehrlings avancieren könnte. Eine gemeinsame Idee von Patron und Küche, statt Reis werden Graupen verwendet, Heidschnuckenschinken statt Thunfisch und die vegetarische Sushi-Alternative arbeitet mit Roter Bete. Auch die Klassikergerichte wie „Gebratene Kalbsleber mit glasierten Äpfeln, gerösteten Zwiebeln und Kartoffelpüree" kommen bei den Gästen gut an. Der Genuss wird im Zauberlehrling noch potenziert, denn Hausherr Roderick von Berlepsch, ausgebildeter Gastronom und Sommelier, nennt einen der spektakulärsten Weinkeller der Leinemetropole sein Eigen. Im gläsernen Weinkeller mit massiver Eichenholztafel und den begehbaren Klimaschränken ruhen annähernd 9 000 Flaschen, darunter hochwertigste Bordeauxweine, viele auch in Großformaten. Der Schwerpunkt ist dennoch deutsch, und im Bereich der edelsüßen Weine darf das Weinbuch im Zauberlehrling schlicht als sensationell beschrieben werden.

Seit Herbst 2013 ist im dritten Stockwerk eine moderne Kochschule beheimatet, mit Angeboten von Singles- und Kinder-Kochkursen bis hin zum ultimativen Gourmetevent. Sehr fein auch dieses: Für Aficionados edler Zigarren ist im Oberschoss des Genussreiches eine ganz im englischen Stil eingerichtete Raucher-Clublounge mit Humidoren für Premium-Zigarren aus Kuba und der Dominikanischen Republik eingerichtet: Ein Kamin, schwere Chesterfield-Sofas und private Schließfächer für das eigene Depot an Zigarren und Whiskys bilden den intimen Rahmen für den stilvollen Genuss in Klausur. Bleibt noch zu erwähnen, dass auch die vorgehaltene Kaffee-Kultur die feine Genuss- und Tafelkultur komplettiert. Die auserlesenen Kaffeespezialitäten stammen von der hannoverschen Kaffeerösterei Bortfeld Kaffee aus Ricklingen. Der Zauberlehrling ist ohne Frage ein gastronomischer Volltreffer für die Niedersachsen-Metropole.

DER ZAUBERLEHRLING
Roderick von Berlepsch
Geibelstraße 77, 30173 Hannover
Tel. 05 11 / 89 96 36 33
www.derzauberlehrling.com

GENUSSOASE ALTES JAGDHAUS

Joachim Stern setzt auf Tradition und moderne Perfektion

OCHSENBACKEN NACH
JOACHIM STERN
Dieses Rezept finden Sie auf der Seite 60

J oachim Stern ist für viele Genießer in der Metropolregion Hannover und Braunschweig einer der profiliertesten und glaubwürdigsten Spitzenköche, wenn es um das Thema deutsche Küche geht. Sein Domizil, das Alte Jagdhaus, liegt mitten im Grünen, im schönen Stadtwald der Seelhorst. Ein klassizistisches Gebäude, das einst der königliche Stadtbaumeister Georg Ludwig Friedrich Laves als Jagdhaus für die Familie Graevemeyer im Jahr 1852 erbauen ließ. Immer schon gastronomisch bekannt als Waldwirtschaft Seelhorst, kehrten die Genießer auf ihren Spaziergängen durch den Stadtwald, darunter regelmäßig auch Heidedichter Hermann Löns, hier für genussvolle Stunden ein.

Seit 2005 ist der romantische Bau mit seinen Stuckelementen im Innern, der schönen Terrasse und dem bewaldeten Biergarten das Reich von Joachim Stern. Jedes Rendezvous mit dem hoch dekorierten Spitzenkoch ist ein Erlebnis der ganz besonderen Art. 35 Jahre kocht der Hannoveraner inzwischen auf Hauben- und Sterneniveau, hat dabei seine ganz eigene ästhetische Handschrift ausgebildet. Prägend waren die Stationen bei Franz Keller, Vincent Klink, Hubert Freund und sicher auch bei Vater Heinrich Stern. Sterns kreative Küche, die er fast im Alleingang als „Alleskümmerer" stemmt, setzt kompromisslos auf die Qualität des regionalen Grundprodukts und den unverfälschten Geschmack. Eine einfache, puristisch anmutende Küche, die mit tadellosen Zutaten arbeitet, die Stern von den lokalen Bauernmärkten bezieht. Statements wie „Qualität braucht keine Gewürze" oder „Die Gäste, die ich haben wollte, die haben mich auch gefunden" manifestieren, dass Stern radikal und selbstbewusst mit gängigen Erwaltungshaltungen aufräumt. Die treue Fangemeinde pilgert auf Genussreisen hin zu Joachim Stern, um seine einzigartigen Saucen, die fast schon legendären Schmorgerichte und solitären Kreationen, wie beispielsweise Milchferkelfußsalat, Kalbsleber mit Zwiebel-Wildkirschsauce oder Lumpfischfilet mit Orangen-Estragonsauce, erwartungsvoll zu goutieren.

ALTES JAGDHAUS
Joachim Stern
Vor der Seelhorst 111, 30519 Hannover
Tel. 05 11 / 2 28 45 23
www.joachimstern.de

DIE SCHOKOLADENFEE

Michaela Schupp handelt mit den Kreationen der weltbesten Chocolatiers

Schokolade ist ihre Passion. Rund 800 erlesene Kakao-kreationen von über 50 Chocolatiers aus aller Welt lagern im Kühlraum in dem denkmalgeschützten Helmkehof im Stadtteil Hainholz. In der einstigen Gummiwarenfabrik handelt die aus Heidelberg stammende Michaela Schupp mit edelsten Tafel- und Trinkschokoladen, Pralinen und schokolierten Früchten. Ein Schlaraffenland für Naschkatzen und zugleich eines der europäischen Kompetenzzentren in Sachen exklusiver Schokoladenkultur. Die Liebe zur wirklich guten Schokolade hat die staatlich geprüfte Hotelbetriebswirtin vor Jahr und Tag auf die Idee gebracht, die besten Schokoladenhersteller auf einer einzigen Website zu präsentieren: chocolats-de-luxe ist ihr Online-Shop überschrieben, und das Lager mit Verkostungs-raum in Hannover lockt mit einer einzigartigen Angebotsviel-falt an Köstlichkeiten, die es im Supermarkt nun wirklich nicht zu kaufen gibt.

Hauptsächlich handelt und kommuniziert Michaela Schupp, die über den Wein zur Schokolade gekommen ist, mit dunkler Schokolade und hat nahezu alle so genannten „Bean-to-Bar-Produzenten" in ihrem verführerischen Portfolio. Also jene handverlesenen Hersteller, die von der Kakaobohne bis zur Tafel alle Herstellungsprozesse engmaschig kontrollieren. Hannovers Schokoladenexpertin Nummer Eins kann aus dem Vol-len schöpfen. Die Crème de la crème aus 15 Ländern ist ver-treten. Wer an Michaela Schupps aus indischem Fundholz gefertigten Degustationstisch Platz nimmt, der darf sich auf höchsten Schokogenuss freuen, und auf eine Expertise, die ihresgleichen sucht. Denn die Schokoladenliebhaberin ist in der weiten Welt der Luxus-Schokolade anerkannt , so hat sie als Jurorin einen festen Sitz bei den „International Chocolate Awards". Probieren geht auch hier über studieren. Selbiges dürfen die Besucher im Helmkehof nach Anmeldung gerne tun. Dann kann es passieren, dass Michaela Schupp auch schon mal die teuerste Schokolade der Welt zum Probieren an die Schoko-Freaks weiterreicht. Für alle, die nicht genug bekom-men können, empfiehlt sich das „Genuss-Abo", dann kommen die hochwertigen Kreationen Monat für Monat direkt ins Haus.

CHOCOLATS-DE-LUXE.DE GMBH
Michaela Schupp
Helmkestraße 5a, 30165 Hannover
Tel. 05 11 / 78 09 43 70
www.chocolats-de-luxe.de

DIE KOCH-EVENT-PIONIERE

Frische Bistro-Küche und stimmungsvolle Küchenpartys

TATAKI VOM RINDERFILET MIT
PASSIONSFRUCHT-VINAIGRETTE
Dieses Rezept finden Sie auf der Seite 61

Lebendig, kommunikativ, erlebnis- und ergebnisorientiert. Mit diesen Schlagworten könnte man die kulinarische Performance „Kitchen and the City" überschreiben, mit der Reiner Pröhl, von Hause aus Konditormeister, und Olav Wenhold, von der Pike auf ausgebildeter Koch, im Küchencenter Staude seit 2003 große Erfolge verbuchen. Das Gastronomenduo darf sich zu Recht als die Pioniere für hochwertige Kochkurse und Koch-Events in der Leinestadt bezeichnen, immerhin liegen die Anfänge ihres gemeinsamen Wirken rund 20 Jahre zurück. Seit 2003 veranstalten beide im renommierten Küchencenter von Helmut Staude in Hannover-Hainzholz ihre populären „Kitchenpartys", in deren interaktivem Mittelpunkt seit jeher der Spaßfaktor, das emotionale Erleben und das gemeinsame genussvolle Erarbeiten von leckeren Menüs und Speisenfolgen steht. Rund 150 Veranstaltungen (auch externe) gehen übers Jahr gesehen über die Bühne, annähernd 40 000 Gäste, darunter viele „Wiederholungstäter", tauchten seitdem an der Seite von Küchenchef Olav Wenhold und Weinexperte Reiner Pröhl in die faszinierende Welt der Kulinarik ein, vertieften ihr Vorwissen und lernten in geselliger Runde so manchen Küchentrick für den eigenen Herd. Stets werden zu den häufig im Voraus ausgebuchten Themen-Partys wie beispielsweise „Sylter Küche", „Cape Town", „Fingerfood und Antipasti", „Mediterrane Herbstküche", „Thai"- oder „Wildküche" an den Kochstationen vier Gänge gemeinsam gekocht und fünf korrespondierende Weine gereicht.

Das zweite unternehmerische Standbein ist das „Staude-Bistro" mit seinen 100 Plätzen im Küchen-Center, in dem sie mittags frische, saisonale Gerichte aus der transparenten, offenen Show-Küche offerieren. Auch hier ist die Zahl der Stammgäste hoch, hat sich die klassisch inspirierte Marktküche auf Basis tadelloser Produkte längst herum gesprochen. Namhafte Kochkollegen wie Dieter Müller, Lea Linster oder Otto Koch machten den Koch-Event-Pionieren aus Hannover bereits ihre Aufwartung.

FOOD LINE GMBH
KITCHEN AND THE CITY
IM KÜCHENCENTER STAUDE
Reiner Pröhl und Olav Wenhold
Meelbaumstraße 5, 30165 Hannover
Tel. 05 11 / 93 79 81 09
www.kitchencity.de

DAS KLEINGARTENIDYLL

Michael Schulze kultiviert im Restaurant Radieschen eine saisonale Frischeküche

Zu Gast in der Kleingartenkolonie Dornröschen. Ein Idyll zwischen Ihme, Großer Garten und Georgengarten. Das weithin bekannte Wilhelm-Busch-Museum liegt gleich um die Ecke. Die Wege der Parzellen sind nach Blumen und Früchten benannt. Eine der Traditionsgaststätten in den Kleingärten der „Vereinigten Steintormasch" ist das von Michael Schulze seit 2010 als Pächter geführte Restaurant Radieschen. Ein ehemaliges Kolonieheim aus dem Jahre 1958, das der im Hildesheimer Knochenhauer Amtshaus zum Koch ausgebildete Gastronom mit anschließend vierjähriger Tätigkeit in Hildesheim gemeinsam mit seinem Partner Pawel Jastrzebski buchstäblich aus dem Dornröschenschlaf geweckt hat. Und zwar mit einer saisonalen Frischeküche, die man hier so recht nicht vermuten mag. Wo es ringsum blüht und gedeiht, da ist der studierte Maschinenbauer Michael Schulze mit seiner geerdeten Regionalküche und verfeinerten Hausmannskost am rechten Platz. Der Patron steht selbst am Herd und beglückte mit seinen Kreationen auch schon Altbundeskanzler Gerhard Schröder, der ebenso zu den „Wiederholungstätern" zählt wie die stetig wachsende Fangemeinde aus den umliegenden Stadtteilen der Landeshauptstadt.

Im Sommer ist die schöne Sonnenterrasse mit Biergarten für die Spaziergänger und Flaneure der Herrenhäuser Gärten einer der angesagten Plätze zum Genießen. Dann locken hausgebackene Kuchen und Torten. Für den kulinarischen Dauerbrenner Sanddorntorte nehmen viele Genießer gerne einen Umweg in Kauf. Überhaupt legt Michael Schulze großen Wert auf Qualität und lokale Erzeuger. So zieht er die Kräuter für seine vornehmlich deutsche Küche im eigenen Kräutergarten selbst, und die Forellen, die der gebürtige Südharzer klassisch nach „Müllerin Art" zubereitet, kommen aus den kristallklaren Gewässern des Nationalparks Harz. Frischer geht es nicht. Im Innern des 80 Plätze umfassenden Restaurants geht es richtig gemütlich zu. Der angrenzende Saal mit rustikalen Holzbalken hat sich längst als Adresse für Bankette und Familienfeiern etabliert. Der kulinarische Kalender des Restaurants ist übers Jahr prall gefüllt. Vor allem das Grünkohlessen genießt einen exzellenten Ruf.

WALDBEERPARFAIT
Dieses Rezept finden Sie auf der Seite 60

RESTAURANT RADIESCHEN
Michael Schulze
In der Steintormasch 47, 30167 Hannover
Tel. 05 11 / 2 15 52 61
www.restaurant-radieschen.de

DIE NEUE ART DER TRADITION

Weinhandlung Hildebrandt – seit 1877 Hannovers ältestes Weinfachgeschäft

Kompetente Beratung, ein erstklassiges Angebot und die mittlerweile über 135-jährige Erfahrung im Weinfachhandel, das sind drei wesentliche Erfolgsfaktoren von Hannovers ältester Weinhandlung J.G. Hildebrandt GmbH. Dieser Name steht seit 1877 für Qualität und vinophile Hochgenüsse. Das im Jahr 2012 neu eröffnete Ladengeschäft in der Mendelssohnstraße lädt durch sein aufgeräumtes und zeitgemäßes Design zur Entdeckungsreise durch die mittlerweile 600 verschiedenen Weine und Spirituosen ein. Inhaber Jan Adam importiert seine Weine direkt von den Winzern und bietet somit ein für Hannover einzigartiges Sortiment an. Er selbst war viele Jahre in der Toskana als Export-Direktor für das Weingut Avignonesi beschäftigt, und feilt seitdem systematisch an der Konsolidierung auf höchstem Niveau. Neben reichlich Fachwissen bietet der junge Unternehmer zusammen mit seinem Weinexpertenteam dem Kunden immer auch die „Geschichte hinter dem Wein" an. „Wir wollen emotionalisieren und Wein auch den jüngeren Generationen näher bringen", erzählt Jan Adam. Zu diesem Lebensgefühl passt trefflich die moderne, kommunikationsfördernde Präsentation der edlen Tropfen. Probieren ist hier nicht nur erlaubt, sondern erwünscht. Eine Wein-Besonderheit mit Lokalkolorit ist der Hannoversche Rotspon, ein Rotwein aus dem Bordeaux, den das Weinhaus Hildebrandt exklusiv anbietet. Es gibt ihn als „Classique" und mittlerweile auch als Edelvariante „Reserve", und das Etikett ziert das Neue Rathaus von Hannover. Das gesamte Sortiment wurde von dem Genussmagazin „Der Feinschmecker" mehrfach prämiert. Kein Wunder, dass die Weinhandlung viele der renommierten Restaurants in Hannover beliefert. Allein die über 100 Spirituosen, darunter Single Malts aus der ganzen Welt, Rum- und Gin-Sorten sowie Edelbrände der vertretenen Winzer lassen kaum Wünsche offen. Hinzu kommt ein Angebot von ausgesuchten Feinkostartikeln, oft auch regionale Spezialitäten. Individuell ausgesuchte und liebevoll dekorierte Weinpräsente, die auf Wunsch auch direkt versendet werden, runden das erstklassige Angebot ab.

J.G. HILDEBRANDT GMBH
WEINHANDEL SEIT 1877
Jan Adam
Mendelssohnstraße 1
(Ecke Geibelstraße/Stephansplatz)
30173 Hannover
Tel. 05 11 / 88 88 88
www.weinhildebrandt.ae

DAS LEINESCHLOSS: SEIT 1962 SITZ DES NIEDERSÄCHSISCHEN LANDTAGS

DIE VINOLOGISCHE INSTANZ

In Biagio Tropeanos Wine-Academy-Kursen wird man zum Weinexperten

Biagio Tropeano. Ein großer Name in der Spitzengastronomie hierzulande – und eine große Leidenschaft: Wein. Der italienische Gastronom, der seit Ende der 1980er-Jahre seine kulinarischen und vinophilen Spuren in Hannover hinterlässt, gilt in der Weinwelt seit 37 Jahren als einer der renommierten Experten. Im Jahr 1976 studierte der Lombarde an der Hotelfachschule Mailand, belegte dort Kurse in der Fachrichtung Sommelier. Der Beginn einer steilen Karriere als Weinfachmann. Der Besitzer des höchst benoteten italienischen Restaurants in Hannover, dem Tropeano Di-Vino in Kirchrode, gilt seit dem Jahr 1985 als „erster anerkannter Sommelier Deutschlands". Seitdem ist die Liste der Auszeichnungen stetig größer geworden. Das Genießermagazin „Der Feinschmecker" kürte ihn zu einem der besten Sommeliers Deutschlands und wies ihn zudem als einen der Top-Spezialisten für italienische Weine aus. Zahlreiche Fernsehauftritte, die Mitwirkung als Fachjuror und die Expertise als Weinfachautor dokumentieren Tropeanos Weinkompetenz. Im Jahr 2002 zeichnete der damalige Staatspräsident Azeglio Ciampi den Gastgeber aus Leidenschaft zum „Botschafter der italienischen ENO-Gastronomie" aus. Mit der Eröffnung der Tropeano Wine Academy im Jahr 2006 sind die sinnlichen Welten des Biagio Tropeano komplett. Mit Basisseminaren für Anfänger, mit Aufbaukursen für fortgeschrittene Weintrinker und mit Sensorik-Veranstaltungen für all jene, die ihre Einblicke in den Kosmos Wein weiter vertiefen möchten. Immer steht die Freude am Genuss im Vordergrund, auch dann, wenn es zu speziellen Rebsorten und Anbauregionen gesonderte Schulungsangebote gibt. Nachgefragt sind die Kurse über die Verbindung zwischen Wein und Essen. Und wer eine „Kulinarische Weinreise" mit typischen regionalen Gerichten und korrespondierenden Weinen buchen möchte, für den offeriert Biagio Tropeano regelmäßig entsprechende Genussreisen in seinem Spitzenrestaurant Tropeano Di-Vino. Bei alledem gilt: Probieren erwünscht!

TROPEANO WINE ACADEMY
Biagio Tropeano
Koppelweg 11, 30655 Hannover
Tel. 05 11 / 4 59 09 30

REZEPTE

LUFTIGE ZIEGENKÄSESTEINE MIT HOLUNDER UND KOHLRABI
Ole Deele, Seite 24

ZUTATEN FÜR 4 PERSONEN
ZIEGENKÄSESTEINE

*900 g Ziegenkäse, 300 g Kakaobutter, 2 g Xanthan,
je zwei Zweige Rosmarin, Thymian, Basilikum,
Salz, Pfeffer*

HOLUNDERBLÜTENMOLKE

*500 ml Holunderblütensirup, 500 ml Ziegenkäsemolke,
Holunderblütenessig, 6 g Agar-Agar*

VERBENENÖL

*200 ml natives Rapskernöl, 200 g frische Zitronenverbene
Beide Zutaten anmixen, über Nacht durchziehen lassen,
dann passieren.*

HOLUNDERBLÜTEN-ZWIEBELSALZ

*100 g Fleisch von im Ofen auf Meersalz geschmorten
Zwiebeln, 5 g Salz, 5 g Zucker, 10 g Holunderblüten
getrocknet*

KOHLRABI

*1 großen Schmelzkohlrabi, 100 ml Gemüsebrühe,
1 TL Butter*

CRUMBLE

*300 g Sauerteigbrot, 75 g Sellerie, 50 g Butter, 150 g Wal-
nüsse, Salz, Pfeffer, 5 g Zucker, 10 Blätter Basilikum*

ZUM ANRICHTEN

*Holunderbeeren gefroren vom letzten Jahr
Taglilienblütenblätter*

ZUBEREITUNG

Die Kakaobutter in einem Topf auf niedriger Temperatur schmelzen und die Kräuter 1 Stunde darin ziehen lassen. Passieren und mit dem Ziegenkäse und dem Xanthan bei 37 °C im Thermomix mixen, abschmecken, durch ein Gazesieb passieren und in einen Isi Siphon füllen. Mit 3 Patronen begasen und ein Weckglas zu einem Drittel damit füllen, dann auf höchster Stufe vakuumieren und einfrieren. Wir stellen unser Holunderblütensirup und den Essig mit frisch gepflückten Holunderblüten selbst her und erwärmen dazu die frisch gepflückten Holunderblüten zu gleichen Teilen in Wasser und Zucker, so dass die Blüten bedeckt sind auf 85 °C. Danach kommt das Gemisch in einen Tank und zieht mindestens einen Monat durch. Wenn der Geschmack intensiv genug ist passieren und in Flaschen abfüllen. Bei dem Essig verfahren wir ebenso, nur nehmen wir auf 1 Liter Weißweinessig 20 Gramm Zucker. Beim Herstellen des Ziegenfrischkäses fällt die Molke als Nebenprodukt ab. Für die Holunderblütenmolke das Holunderblütensirup mit der Molke und dem Agar-Agar aufkochen und erkalten lassen. Nach etwa 12 Stunden mit etwas Holunderblütenessig aufmixen. 5 Gramm getrocknete Zitronenverbene (vorab durch Leuterzucker gezogen) Für das Salz, das Fleisch der Zwiebeln im Thermomix cremig mixen, dünn auf eine Silpatbackmatte streichen und bei 75 °C trocknen bis eine knusprige Schicht entstanden ist. Diese zerbröseln und mit den restlichen Zutaten fein kuttern. Den Kohlrabi zur Hälfte auf der Aufschnittmaschine in dünne Scheiben schneiden und zu länglichen Rechtecken trimmen. Die Rechtecke leichte salzen und zu Zylindern rollen. Die andere Hälfte in akkurate Würfel schneiden und mit etwas Brühe und Butter weich dünsten.

Für den Crumble Zutaten im Thermomix homogenisieren und auf eine Backmatte bröseln. Bei 130 °C 30 Minuten im Ofen backen. Bei Bedarf bei 75 °C nachtrocken. Die Holunderblütenmolke als Spiegel auf den Teller auftragen und etwas Zitronenverbeneöl darauf verteilen. Beide Gurken darauf verteilen und die Kapuzinerkresseblätter zwischen den Gurken anrichten. Die Holunderbeeren in die Zwischenräume fallen lassen. Dann mit Hilfe eines Siebes das Gericht bepudern und zum Schluss die gefrorenen Ziegenkäsesteine darauf anrichten. Noch im gefrorenen Zustand servieren, um die Frische zu erhalten.

KIRSCHE UND HEU
Ole Deele, Seite 24

ZUTATEN FÜR 4 PERSONEN
KRÄUTERMOOS

15 g Petersilie, 5 g Estragon, 5 g Basilikum, 10 g Kerbel,
10 g Zucker, 200 g Frischkäse, 100 g Kakaobutter

KIRSCH-ZITRONENVERBENENEIS

250 ml Kirschaft, 25 g Glukosepulver, 50 ml Öl,
35 g Zitronenverbene, 1 Blatt Gelatine

KARAMELL-HEU-GANACHE

200 g Heu, 250 ml Milch, 200 g Butter, 25 g Kakaobutter,
125 g Zucker, 100 g Zartbitterkuvertüre

BAUMRINDE

90 g Heubutter von oben, 175 g Zucker, 130 g Eiklar,
10 g Heu, 120 g Mehl, 50 g geschmolzene Zartbitterkuvertüre

KIRSCHPÜREE

200 g Kirschsaft, 2 g Agar

ZUM ANRICHTEN

Gezupfte Kerbelblätter, Taglilienblütenstempel,
entsteinte Kirschen

ZUBEREITUNG

Für das Kräutermoos die Kräuter in einem Topf abblanchieren und mit dem Zucker, Frischkäse und der flüssigen Kakaobutter im Thermomix bei 37 °C emulgieren. Die Masse in einen Sahnespender füllen und mit 3 Kapseln begasen. Ein Weckglas zu einem Drittel mit der auf Zimmertemperatur abgekühlten Masse befüllen und dieses in einem Kammervakuumgerät auf höchster Stufe vakuumieren. Das Weckglas muss perfekt geschlossen sein und die luftige Masse darf nach dem Entnehmen nicht zusammenfallen. Das Weckglas mindestens 4 Stunden einfrieren. Für das Kirsch-Zitronenverbeneeis den Kirschsaft erwärmen und die Gelatine darin lösen. Das Öl mit der Zitronenverbene emulgieren, passieren und mit dem Glukosepulver in den Kirschsaft emulgieren. Danach in der Eismaschine gefrieren. Die gefrorene Masse in Silikonformen mit dem Negativabdruck einer Kirsche einfüllen und im durchfrieren.

Danach aus der Form lösen. Für die Karamell-Heu-Ganache jeweils die Hälfte des Heus mit der Milch und der Butter für aufkochen und 30 Minuten ziehen lassen. Danach mit den restlichen Zutaten im Thermomix emulgieren. Für die Baumrinde alle Zutaten im Thermomix emulgieren und dünn in eine Silikonform mit dem Negativ-Abdruck einer Baumrinde streichen. Im Ofen bei 130 °C für 8 Minuten backen. Nach dem Auskühlen die Ganache deckend in die Silikonform einstreichen und für mindestens 4 Stunden frieren. Danach aus der Silikonform lösen. Für das Kirschgel den Kirschsaft und das Agar aufkochen und eine Minute köcheln lassen.
Danach im Kühlschrank fest werden lassen. Wenn ein solider Block entstanden ist, in einem Thermomix zu einem feinen Püree mixen. Zum Anrichten kleine Steine des Kräutermooses aus dem Weckglas brechen und auf den Teller legen, die Baumrinde dazwischen platzieren und die gefrorenen und frischen Kirschen auf dem Teller platzieren. Mit dem Kirschpüree und den Kräutern dekorieren.

REZEPTE

LAMMKARREE IN PISTOU
Pier 51, Seite 26

ZUTATEN
1,2 kg Lammkarree, 30 g Butter, 1 kleiner Thymianzweig
Salz, Pfeffer aus der Mühle, 150 g Kenia-Bohnen

SAUCE
300 ml Lammjus, 100 g Butter, 1 TL gehackter Kerbel,
1 TL gehackte Petersilie, 1/2 TL gehacktes Basilikum,
1/2 TL Thymian, 1/4 Knoblauchzehe, Salz, Pfeffer aus der
Mühle, 50 g Butter zum Aufmontieren der Jus

ZUBEREITUNG
Die Bohnen putzen, in sprudelndes Salzwasser geben
und bissfest kochen.

Die gehackten Kräuter und den Knoblauch mit der Butter
im Mixer pürieren, den Lammjus erhitzen, dazugeben und
nochmals gut durchmixen, abschmecken.

Das Lammkarree würzen.

In einer Sauteuse etwas Butter aufschäumen lassen, den
Thymianzweig dazugeben und das Lammkarree auf
beiden Seiten gut anbraten. Die einstehende gebräunte
Butter mit einem Suppenlöffel dabei ständig über das
Karree geben. Das angebratene Lammkarree für circa
8 Minuten in einen mit 120 °C vorgeheizten Backofen
stellen. Im Anschluss für drei Minuten auf ein Küchen-
brett legen und mit Aluminiumfolie abdecken. Das Karree
nun in drei gleichgroße Trancen schneiden. Auf vorgewärmten Tellern anrichten und mit der Sauce überziehen.
Als Beilage empfehlen wir gratinierte Kartoffeln mit
Oregano.

DOLCE PRIMAVERA
Ristorante Roma, Seite 36

ZUTATEN
600 g Joghurt natur, 500 ml Sahne, 150 g Zucker,
1/2 Vanillestange, abgeriebene Schale von 1 unbehandel-
ten Orange, 15 g Gelantine

ZUBEREITUNG
Die Hälfte der Sahne mit dem Zucker und der Orangenschale in einem Topf erwärmen. Die Vanilleschote aufschneiden, das Mark herauskratzen und dazu geben.
Die Gelantine in warmem Wasser auflösen und ebenfalls
zur Sahne gegeben. Alles gut verrühren und erwärmen,
aber nicht kochen lassen. Danach die Mischung vom
Herd nehmen, durch ein Sieb in ein Gefäß gießen und
zum Abkühlen zur Seite stellen.

Restliche Sahne steif schlagen und mit dem Joghurt
mischen. Nun wird diese Sahne-Joghurtmischung unter
die abgekühlte Sahnemasse gehoben. Die Süßspeise kann
in eine große Schale oder in kleinere Schalen gefüllt
werden. Zum Erkalten vier Stunden in den Kühlschrank
stellen. Zum Dekorieren eigenen sich frische Erdbeeren.

NIEDERSACHSENSUSHI
Der Zauberlehrling, Seite 38

ZUTATEN

GRAUPEN
250 g Perlgraupen fein, 750 ml Geflügelbrühe,
2–3 EL Apfelessig, 50 ml Süßwein

SUSHI (MAKI) MIT GRÜNEM SPARGEL
1–2 Stangen grüner Spargel, 1–2 Blätter Spitzkohl,
1 TL Sahnemeerrettich

SUSHI (MAKI) MIT HEIDSCHNUCKENSCHINKEN
10 Scheiben Heidschnuckenschinken,
1 El Schnittlauch, fein geschnitten, 1/4 Salatgurke,
fein gewürfelt

SUSHI (NIGIRI) MIT ROTE BETE
1 Rote Bete, gekocht, 1 EL Sahnemeerrettich

SUSHI (NIGIRI) MIT TATAR VOM WEIDEOCHSEN
80 g Rinderfilet, 1 TL grober Senf, 1/2 TL Schnittlauch,
fein geschnitten, Salz, Pfeffer, 4 Wachteleier, 2 1/2 Min.
gekocht, ohne Schale

SUSHI (NIGIRI) MIT SPRINGER BACHFORELLE
40 g Forelle, 2 TL Forellenkaviar, 1 EL Sahnemeerrettich

GRÜNER APFELMEERRETTICH
100 g grünes Apfelpüree, 40 g Meerrettich, frisch gerieben

SUSHISAUCE
100 ml Kalbssauce, 20 ml Sojasauce, 1 TL grüne Curry-
paste

ZUBEREITUNG

Graupen unter ständigem Rühren circa eine Minute im heißen Topf anschwitzen. Mit Salz, Pfeffer und einem Lorbeerblatt würzen. Das Ganze mit Apfelessig ablösen und mit der Geflügelbrühe aufgießen. Bei schwacher Hitze so lange kochen bis die Flüssigkeit vollends weg ist und die Graupen einen leichten Biss haben. Die Graupen in ein flaches Gefäß füllen, mit Süßwein beträufeln und mindestens eine Stunde kalt stellen.

Sushi mit grünem Spargel: Spitzkohl und Spargel getrennt voneinander bissfest kochen. Bambusmatte mit Klarsichtfolie auslegen. Spitzkohl zu recht schneiden und auf der Bambusmatte flach auslegen. Am unteren Ende Graupen zwei Finger dick auslegen. Den Kopf vom Spargel schneiden und für Deko zur Seite legen. Die Stange mit Sahnemeerrettich einstreichen und mittig auf den Graupen platzieren. Alles fest zusammen rollen. Circa 3 Zentimeter dicke Stücke von der Rolle schneiden.

Sushi mit Heidschnuckenschinken: Bambusmatte mit Klarsichtfolie auslegen und Schinken flach drauf verteilen. Graupen mit Schnittlauch und der Salatgurke vermengen. Graupen zwei Finger dick am unteren Ende auslegen. Alles fest zusammen rollen. Etwa 3 Zentimeter dicke Stücke von der Rolle schneiden.

Rote Bete in 0,5 Zentimeter dicke Scheiben schneiden und oval ausstechen, mit Sahnemeerrettich bestreichen und mit Graupen belegen, erneut ein Oval Rote Bete darauf legen, mit Graupen belegen mit Roter Bete bedecken.

Rinderfilet fein schneiden und mit Senf, Schnittlauch, Salz und Pfeffer abschmecken. Graupen und Tatar oval ausstechen und miteinander belegen. Wachtelei anschneiden und auf dem Tatar platzieren.

Dünne Scheiben vom Forellenfilet schneiden. Graupen zu einem Ball formen, in Sahnemeerrettich wälzen und mit Forelle belegen. Mit Kaviar dekorieren.

Apfelpüree mit dem Meerrettich verrühren. Die Schärfe kann nach Geschmack variieren.

Kalbssauce erwärmen und mit Sojasauce verrühren. Mit Currypaste abschmecken. Je nach Geschmack kann die Menge der Sojasauce oder der Currypaste im Verhältnis zur Kalbssauce variieren.

REZEPTE

OCHSENBACKEN
NACH JOACHIM STERN
Altes Jagdhaus, Seite 42

ZUTATEN

2 Ochsenbacken, 4 Tomaten, 200 g Schalotten,
Rotwein, Rinderfond, 3 Lorbeerblätter,
1 Prise Zucker, Salz, Pfeffer

ZUBEREITUNG

Fleisch im Topf scharf anbraten, herausnehmen. die klein
geschnittenen Schalotten anbraten, die geviertelten Tomaten und Lorbeerblätter dazugeben. Fleisch wieder in den
Topf legen, Rotwein und Rinderfond dazugießen. Das
Fleisch muss von der Flüssigkeit bedeckt sein. Den Topf
mit einem Deckel verschließen und Fleisch und Flüssigkeit kurz aufkochen lassen. Anschließend bei 70 °C in
den Ofen stellen. Die Garzeit ist abhängig von der Größe
und der Qualität des Fleisches. Circa 18 Stunden sanft
garen lassen. Wenn ein Gasherd vorhanden sein sollte,
reicht es aus, den Topf auf der Zündflamme stehen zu
lassen. Wen das Fleisch weich ist, dieses herausnehmen
und vom Fett befreien. Das Fleisch lässt sich besser
schneiden, wenn es erkaltet ist.

Die Kochflüssigkeit mixen und passieren, anschließend
auf zwei Drittel reduzieren, mit Salz abschmecken. Eventuell mit einer Prise Zucker, und wer mag, mit Pfeffer.
Nach Bedarf mit Saucenbinder montieren. Restliche Sauce
einfrieren und beim nächsten Mal wieder verwenden.

WALDBEERPARFAIT
Restaurant Radieschen, Seite 48

ZUTATEN

500 g Waldbeeren, 175 g Zucker,
4 Eigelb (wenn möglich pasteurisiert),
400 ml Sahne (30% Fettanteil),

ZUBEREITUNG

Waldbeeren waschen und putzen. Einige Beeren für die
Dekoration beiseite legen, den Rest pürieren. Das Püree
durch ein feines Sieb passieren und mit 100 Gramm
Zucker bestreuen. Eigelb und 75 Gramm Zucker im
heißen Wasserbad schaumig schlagen, dann kalt rühren.
Sahne steif schlagen und 400 Gramm Waldbeerpüree
unter die Eigelbmasse ziehen, danach vorsichtig die
Sahne unterheben. In eine mit Folie ausgelegte Kasten-
form zur Hälfte füllen, dann das übrige Fruchtpüree
einfüllen und zum Schluss die restliche Eigelbmasse
darauf geben. Das Ganze muss jetzt etwa 4 Stunden
gefrostet werden. Das Parfait in Scheiben schneiden, mit
Waldbeeren, Sahne und mit Vanillespiegel nach Belieben
dekorieren.

TATAKI VOM RINDERFILET MIT PASSIONSFRUCHT-VINAIGRETTE
Food Line GmbH, Seite 46

ZUTATEN

200 g Rinderfilet (Mittelstück), 3 EL Rapsöl, 1 Finger Ingwer, angedrückt, 1 Knoblauchzehe, angedrückt, 1/2 rote Chilischote, halbiert, entkernt, 1/2 Stange Zitronengras, geklopft, 2 EL Sesam, hell angeröstet, Salz, Pfeffer aus der Mühle, 1 TL Wasabipaste

PASSIONSFRUCHT-VINAIGRETTE

1/4 Vanilleschote, 5 EL Maracujasaft, 1 Passionsfrucht, 2 EL Olivenöl, 1 EL Akazienhonig, 1/2 TL brauner Zucker, Saft von 1/2 Limette, Salz, Pfeffer aus der Mühle

ZUM GARNIEREN

5 Zuckerschoten, in feinen Streifen, 1 Karotte, in feinen Streifen, 3 Stangen grüner Spargel, in feinen Röllchen, 1/2 Papaya, 4 essbare Blüten

ZUBEREITUNG

Das Rinderfilet von Sehnen befreien und mit Salz, Pfeffer aus der Mühle würzen. Rapsöl, Ingwer, Knoblauch, Chili und Zitronengras in einer Pfanne 5 Minuten bei mittlerer Hitze ziehen lassen. Das Rinderfilet im heißen Aromaöl rundherum von jeder Seite 2 Minuten anbraten. Etwas abkühlen lassen und dünn mit Wasabi einreiben und im Sesam wälzen.

Für die Vinaigrette die Vanilleschote halbieren und das Mark mit der Schote und dem Maracujasaft einmal aufkochen. Schote entfernen. Die Passionsfrucht halbieren, die Kerne mit einem Löffel heraus kratzen, zu dem Saft geben und mit Honig, braunem Zucker, Limettensaft, Salz und Pfeffer verrühren. Das Olivenöl unter kräftigem Rühren langsam dazu gießen.

Die Papaya schälen, mit einem Löffel die Kerne entfernen und in Scheiben schneiden. Die Zuckerschotenstreifen blanchieren. Rinderfilet in Scheiben schneiden und mit den restlichen Zutaten auf Teller anrichten und mit der Passionsfrucht-Vinaigrette beträufeln.

FEINE À-LA-MINUTE-KÜCHE

Rosins Backöfle in der Calenberger Neustadt

Karin und Andy Rosin, weder verwandt noch verschwägert mit dem Zwei-Sterne-Koch Frank Rosin aus Dorsten, sind mit Leib und Seele Gastgeber. Mutter und Sohn führen seit November 2012 gemeinsam das Traditionsgasthaus Backöfle in der Calenberger Neustadt. Eine Institution, die seit rund 30 Jahren eine treue Fangemeinde hat. Immer schon stand hier in der Mittelstraße ein gastliches Haus, kehrten in das über 300-jährige Fachwerkhaus große Namen wie Ernst Jünger und Gottfried Benn ein. Geblieben ist bis heute die nostalgisch-rustikale Einrichtung, holzverkleidete Wände und allabendlich festlich illuminierte Kerzen und Kronleuchter bestimmen die Szenerie. Stolz sind die Pächter auf den kleinsten Biergarten der Stadt mit nur vier Tischen. Und stolz ist Mutter Karin vor allem auf die kulinarischen Leistungen von Sohn Andy. Der hat einst im Pidder Lüng auf Norderney das Kochfach von der Pike auf erlernt und holte sich bei Ekkehard Reimann im Clichy das kulinarische Rüstzeug für das eigene Restaurant.

Auch Karin Rosin stand und steht, wenn Not am Mann ist, als gelernte Köchin gerne am Herd. „Karins Sauerfleisch", nach geheimem Familienrezept hergestellt und im Weckglas präsentiert, ist der Renner. Ein zweiter lukullischer Dauerbrenner ist der „Calenberger Pfannenschlag", eines der wenigen „Nationalgerichte" der Landeshauptstadt Hannover.

Andy Rosin hat sich in Hannover einen Namen gemacht mit erstklassigen spanischen Tapas, die er als Caterer auch den Kunden direkt ins Haus bringt. Als passionierter Alleinkoch setzt Rosin im Backöfle alle Saucen und Fonds selbst an, gekocht wird à la minute und aufwändig. Hier kommt nichts aus der Tüte, alle Dressings rührt der Koch selbst von Hand. Den knusprigen Bratkartoffeln eilt der Ruf voraus, zu den besten der Stadt zu gehören. Kaninchengerichte, Wild und verfeinerte Klassiker wie geschmorte Kalbsbäckchen und Rinderfilet mit Steinpilzravioli unterstreichen Rosins Anspruch, mit dem Backöfle ambitionierte Kulinarik in der Calenberger Neustadt zu etablieren.

ROSINS BACKÖFLE
Karin und Andreas Rosin
Mittelstraße 11, 30169 Hannover
Tel. 05 11 / 1 85 24
www.rosin-backoefle.de

KULINARISCHES IDYLL MIT TEICHBLICK

Das Teichhûs – eine Entdeckung in Hannover-Wülfel

Ein wenig überrascht ist Maximilian Schröer ob des großen Erfolgs seines noch jungen Restaurants Teichhûs im Stadtteil Wülfel dann doch. Mit gerade einmal 25 Jahren hat sich der gelernte Koch mit Blick auf die Wülfeler Teiche selbständig gemacht und den Traum vom eigenen Restaurant verwirklicht. Für die Innenausstattung war Designberaterin Cara Schröer verantwortlich und Lebenspartnerin Jessica Matyssek steht dem bienenfleißigen jungen Service vor. Das Teichhûs ist bei den Hannoveranern vom Start weg außergewöhnlich gut angenommen worden. Deshalb ist eine Tischreservierung empfehlenswert. Im Sommer genießen die Gäste kreativ-leichte Saisonküche auf der herrlichen Terrasse mitten im Grünen und doch in Schlagweite des Stadtzentrums. Ein echtes Idyll zum Wohlfühlen, das ein wenig US-Ostküstenflair vermittelt.

Der junge Patron lernte das Kochfach bei keinem Geringeren als Hannovers Kochlegende Ekkehard Reimann in dessen mehrfach prämiertem Lister Restaurant Clichy von der Pike auf. Ein Fundament, auf dem er heute mit großem handwerklichen Geschick und einer bodenständig verfeinerten Regionalküche aufbauen kann. Vieles kommt in Bio-Qualität auf den Teller, die Lieferanten und Produzenten werden eigens auf der Speisenkarte ausgewiesen. Immer empfiehlt sich der Blick auf die stattliche Schiefertafel mit ihren Tagesempfehlungen. Zu einem der Referenzgerichte hat sich die geschmorte Ochsenbacke mit Rahmwirsing und Bratkartoffeln entwickelt, aber auch die gebratene Eismeerlachsforelle hat das Potenzial, ein Klassiker zu werden. Mancher Gast kommt wegen „Oma Renates Rinderroulade" ins Teichhûs, viele auch wegen der himmlisch leckeren hausgemachten Kuchen. Die Weinauswahl ist (noch) klein, aber fein. Jüngstes Projekt ist die Kooperation mit der Weinagentur Detlef Woicke, daraus resultierend der Weinonlineshop Weinhûs.

RINDERROULADE HAUSFRAUENART
Dieses Rezept finden Sie auf der Seite 78

TEICHHÛS
Maximilian Schröer
Wilkenburger Straße 32,
30519 Hannover
Tel. 05 11 / 89 71 48 93
www.teichhues.de
www.weinhues.de

DIE LINDENER CHILIEXPERTEN

Bei Dennis Degener gibt es alles rund um die scharfe Schote

Am Anfang war die Leidenschaft. Über das zunächst rein private Interesse für gut gewürzte, gerne auch scharfe Gerichte und Zutaten, kam Dennis Degener auf den Geschmack. Heute gehört ihm mit dem Pfefferhaus in Hannover-Linden Deutschlands erstes Chilifachgeschäft.

Die feurige Schote hat es dem gelernten Mediengestalter derart angetan, dass er zunächst einen Online-Shop für „Hot Sauces" einrichtete und schließlich im Szeneviertel Linden im Jahr 2007 in der Einkaufsmeile Limmerstraße sein eigenes Fachgeschäft etablierte, um mit Chilifreunden auch in persönlichen Kontakt treten zu können. Inzwischen ist in Berlin, in direkter Nähe zum Alexanderplatz, eine große Filiale hinzugekommen. Auch sie füllt die Marktlücke, die Degener und sein Berliner Kompagnon Felix Eichholtz früh ausgemacht haben. „Für alles Scharfe gibt es einen regelrechten Boom und Schärfe gehört in jedes leckere Essen", weiß der Chili-Experte zu berichten. Als Sohn eines Indonesiers hat Degener qua Geburt die Affinität zu scharfen Gewürzmischungen und „Hot Sauces". Primär geht es dem jungen Unternehmer aber nicht um einen Wettbewerb und übertriebene Schärfe, sondern „um den natürlichen Geschmacks- und Genussverstärker Chili". Gleichwohl: Degeners Pfefferhaus ist prall gefüllt mit Premium-Produkten rund um das Thema Chili und Barbecue.

Von den besten Produzenten aus den USA, Mexiko, der Karibik, Südamerika und England bezieht er zudem die mitunter höllisch scharfen Saucen, derentwegen Kunden eigens aus Hamburg und anderen Regionen nach Linden kommen. Das Sortiment umfasst neben den „Hot Sauces" auch Bio-Chili-Senf, der in Kooperation mit der Einbecker Senfmühle entstanden ist, außerdem Chili-Schokolade, Chili-Bonbons- und Weingummis, Lollipops, Chili-Seife, jede Menge Chili-Literatur, frische und getrocknete Chilis aus Mexiko und Indien. Degener hält für seine bundesweite Kundschaft zudem über 100 Sorten an Chilisaatgut zum Selberzüchten vor.

PFEFFERHAUS HANNOVER
Dennis Degener
Limmerstraße 16, 30451 Hannover
Tel. 05 11 / 2 20 44 22
www.pfefferhaus.de

DIE KULTURBOTSCHAFTER ITALIENS

Das Botticelli offeriert die authentische Küche der italienischen Regionen

Alles auf Neuanfang. Emilio Dettori und sein Schwager Franceso Pisanu haben nach dreizehn erfolgreichen Jahren im Gallo Nero in Groß-Buchholz mit dem eigenen Ristorante Botticelli in Hannover-Bothfeld noch einmal neu angefangen. Gastgeber und Sommelier Emilio Dettori spricht in diesem Zusammenhang gerne vom „Renascimento", der Wiedergeburt in Anlehnung an die kunstgeschichtliche Epoche. Einer ihrer Protagonisten, Sandro Botticelli, ist Namensgeber des neuen feinen Restaurants in der Sutelstraße. Eine echte Trouvaille ist dieses Schmuckstück mit wunderbarem Belle-Epoque-Interieur für die passionierten Gastronomen aus Sardinien. Wie kaum jemand anders in der Region kultiviert das Genuss-Duo die authentische italienische Kochkunst. Für ihre hochwertige Küche der italienischen Regionen mit Originalrezepturen sind ihnen viele Stammgäste nach Bothfeld gefolgt, auch wenn das Ristorante mit stimmungsvoller Winebar nun deutlich kleiner ist. Aber dieser Schritt der Reduzierung war durchaus beabsichtigt. „Das Niveau der Küche ist auch hier im Botticelli hoch, nur geht es nun deutlich legerer und familiärer zu, haben wir viel mehr persönlichen Kontakt zu unseren Gästen", erzählt Franceso Pisanu, der in der Küche der Taktgeber ist und mit köstlichen Menüs und À-la-Carte-Gerichten glänzt.

Das tägliche Business-Menü zur Mittagszeit in drei Gängen erfreut sich ebenso großer Popularität wie das Überraschungsmenü, zu den der anerkannte Weinexperte Dettori ausnahmslos italienische Kreszenzen serviert – rund 100 an der Zahl. Einflüsse aus Apulien, Rom, Piemont, Toskana, Emilia Romagna sind für Pisanus taufrische und nach wie vor sehr feine Cucina prägend. Pizza wird man im Botticelli vergebens suchen. Bei landestypischen Kreationen wie italienischem Brotsalat mit geräuchertem Lachs, frischen Bavette-Nudeln mit Trüffelcrèmesauce oder Kabeljau in Rosmarin-Zitronenkruste und verführerischen Dolci schlägt das Feinschmeckerherz höher, genießt der Gast „Italianatà" im Original. Und dies sogar verbrieft. Denn Emilio Dettori und Franceso Pisanu sind offiziell vom italienischen Parlament, der Botschaft und der Stadt Hannover zu Kulturbotschaftern Italiens ernannt worden.

RISTORANTE BOTTICELLI
Emilio Dettori & Francesco Pisanu
Sutelstraße 70, 30659 Hannover
Tel. 05 11 / 27 01 83 60
www.botticelli-hannover.de

CRÊPE-CANNELLONI MIT KALBS-
SPINATFÜLLUNG
Dieses Rezept finden Sie auf der Seite 78

HEINRICH DER LÖWE AUF ITALIENISCH

Die mediterrane Leichtigkeit an Hannovers „Kö"

CARPACCIO VOM RINDER-FILET MIT PARMESANCREME UND SOMMERTRÜFFEL
Dieses Rezept finden Sie auf der Seite 79

Enrico Leone. Allein der Name verheißt schon Lebensfreude und Genuss pur. Dolce farniente in der Königstraße, einem der Prachtboulevards in Hannover. Matthias Damm und Oliver Hörstmann eröffneten im Jahr 2003 ihr feines Restaurant unweit des Opernhauses und des Hauptbahnhofs. Enrico Leone (Heinrich der Löwe), die 1689 vom italienischen Barock-Komponisten Agostino Steffani anlässlich der Eröffnung des neuen Schlossopernhauses im Auftrag von Herzog Ernst August von Hannover verfasste Festoper, ist Namensgeberin dieser mediterranen Verwöhnoase im Herzen der Landeshauptstadt. Eine perfekt inszenierte barocke Genusslandschaft mit al fresco bemalten Wänden und illuminierten Fackeln. Deren moderner Konterpart sind die Designerstühle von Philipp Starck. Elegant geht es also zu, wenn der gebürtig aus dem Ostharz stammende Matthias Damm und sein Geschäftspartner Oliver Hörstmann ihre lobenswerte kreative Küche servieren. Damm, der einst im Landhaus Ammann und im Gallo Nero kochte, ist der kreative Kopf im Enrico Leone. Alles, was aus seiner Küche kommt, erfreut die Gaumen der Feinschmecker. „Am Herzen liegt mir das perfekte Zusammenspiel der Aromen", erzählt der sympathische Inhaber. Von südländischer Leichtigkeit sind seine Gerichte, und diese bauen handwerklich tadellos auf das Fundament erstklassiger Produkte und Zutaten auf. Der umsichtige Service offeriert beispielsweise Salat von Melone, Tomaten und Pfifferlingen mit Pata Negra-Schinken. Die Brust vom Stubenküken auf Blumenkohlpüree mit gebratener Entenstopfleber und Zwetschgen-Portweinsauce und das Hausgemachte Törtchen von der Valrhona-Schokolade, mit Himbeeren und Aprikoseneis sind zwei weitere schöne Beispiele für Matthias Damms kulinarische Handschrift, die in den einschlägigen kulinarischen Guides regelmäßig ihre positive Erwähnung findet. Die beiden Gastgeber sind ausgewiesene Weinfexe, ihre Karte ist mit rund 300 Positionen sehr gut gefüllt. Die Weine werden gerne auch an der schönen Bar oder auf der Außenterrasse an Hannovers „Kö" genossen.

ENRICO LEONE
RESTAURANT & BAR
Matthias Damm und Oliver Hörstmann
Königstraße 46, 30175 Hannover
Tel. 05 11 / 3 88 53 45
www.enrico-leone.de

TU FELIX AUSTRIA

Original Österreichische Schmankerlküche im Vienna am Ballhofplatz

Der Ballhofplatz in Hannover im Herzen der Altstadt ist und so etwas wie die Wiege der Veranstaltungskultur in der ehemaligen Hauptstadt des Königreichs Hannover. Herzog Georg Wilhelm stellte im Jahr 1664 das Ballhof-Gebäude nach mehrjähriger Bautätigkeit fertig. Ursprünglich als Veranstaltungsraum für höfische Ballspiele geplant, gehört es mit seinem modernen Anbau „Ballhof Zwei" heute zum Niedersächsischen Staatstheater Hannover. Der noch immer historisch geprägte Ballhofplatz mit dem Ballhofbrunnen in der Mitte ist einer der schönsten und stimmungsvollsten Plätze der Leinestadt. Die erste kulinarische Adresse ist das von Francisco Navarro Gomez geleitete Restaurant Vienna. Ein lukullisches Rendezvous mit der originalen Wiener Küche. Küchenchef Patrick Brückner serviert im schönen Fachwerkhaus am Ballhofplatz Nr. 1 und sommers auf dem idyllischen Freisitz traditionelle österreichische Spezialitäten, die er frisch und handwerklich gekonnt zubereitet. Ein Klassiker und der absolute Verkaufschlager ist das tellergroße Original Wienerschnitzel vom Kalb. Aber auch beim Steirischen Erdäpfel-Vogerlsalat in Knoblauch-Kürbiskernvinaigrette, dem Altwiener Backhendl oder dem auf kleinster Flamme über mehrere Stunden klassisch gekochten Rindertafelspitz mit Apfelkren und Salzkartoffeln und Juliennegemüse schlagen die Herzen der Genießer höher. Sündhaft lecker sind die hausgemachten Süßspeisen, die man sich einfach nicht entgehen lassen sollte. Kaiserschmarrn mit Zwetschgenröster, Marillenpalatschinken, Ofenfrischer Apfelstrudel mit Vanilleeis sind nur drei Schmankerlangebote aus der schmackhaften „K.u.K.-Nachspeisenküche" des Vienna. Und was sich hinter den „Jungen Steirern" als lukullischer Austriagruß verbirgt, sei an dieser Stelle nicht verraten. Es schmeckt in jedem Fall himmlisch gut. Wiener Kaffeespezialitäten, wie Fiaker, Kapuziner oder Melange, bereichern das authentische Angebot zusätzlich.

ORIGINAL WIENERSCHNITZEL VOM KALB MIT STEIRISCHEM VOGERLSALAT IN KNOBLAUCH-KÜRBISKERNVINAIGRETTE
Dieses Rezept finden Sie auf der Seite 79

RESTAURANT VIENNA
Francisco Navarro Gomez
Ballhofplatz 1, 30159 Hannover
Tel. 05 11 / 5 34 41 94
www.restaurant-vienna.de

KULT AM KÜCHENGARTEN

Das 11 A ist das kulinarische Epizentrum von Hannover-Linden

CARRÉ D'AGNEAU MIT COUSCOUS,
WEISSEN AUBERGINEN, SAFRANJOGHURT
UND ROSMARINSTAUB
Dieses Rezept finden Sie auf der Seite 80

Christoph Elbert hat die Welt gesehen. Der gebürtige Düsseldorfer kochte in den feinsten Häusern in Frankreich, Italien, England und Portugal. Von einem bis drei Michelin-Sternen reichte die Güte der kulinarischen Adressen, in denen der hünenhafte Cuisinier einst wirkte. In seiner Wahlheimat Hannover katapultierte er später sein eigenes Restaurant Höpershof über Jahre in die begehrten Gastro-Ranglisten. Irgendwann hatte er die Nase voll von all dieser künstlichen Pracht und kommunikationslosen Distinguiertheit. Also erfand er sich neu und eröffnete gemeinsam mit seiner Lebensgefährtin das 11 A Küche mit Garten. Ein gastronomisches Unikum, im Herzen von Hannover-Linden am Küchengarten 11 A verortet. Dessen Erfinderin und Ideengeberin ist Verena Schindler, die omnipräsente Frontfrau und gute Seele der inzwischen weit über 20 Mitarbeiter. Sie kümmert sich bis auf das Kochen um fast alles, was das Lokal so liebenswert macht.

Was alle am gemeinsamen Erfolg Beteiligten an kulinarischer Gastlichkeit inszenieren, das ist längst Kult in der Leinemetropole. Das Konzept ist so einfach wie genial: Tadellose, handwerklich auf höchstem Niveau zubereitete Gerichte, zumeist aus regionalen Produkten, mitunter aus Edel-Viktualien aus aller Welt, komponiert. Stets von erstklassiger Provenienz und zu sehr fair kalkulierten Preisen. Küchenchef Christian Hergeth (zuvor bei Zwei-Sterne-Koch Christian Lohse in Berlin) kocht hier im kunterbunten Szeneviertel von Linden für alle Schichten. Dafür stand das Lokal schon immer ein. In der direkt angeschlossenen hauseigenen Weinbar „Ihmerauschen" wartet auf den Connaisseur eine der besten Bordeauxweinkarten Hannovers. Und über die erstklassige Produktküche findet seit Jahr und Tag auch der gestrenge Gault-Millau anerkennende Worte und vergibt für Kalbsschnitzel mit Bio-Pilzen, Schwertfisch mit Kartoffel-Olivenölpüree und Hochrippe vom irischen Lamm mit Safranjoghurt, weißer Aubergine und Couscous-Salat eine der begehrten Hauben.

11 A KÜCHE MIT GARTEN
UNKOMPLIZIERTE FEINSCHMECKERKÜCHE &
MODERNE HAUSMANNSKOST
Verena Schindler und Christoph Elbert
Am Küchengarten 13 A, 30449 Hannover
Tel. 05 11 / 5 90 11 11
www.11a-restaurant.de
www.ihmerauschen.de

ALLES BIO-LOGISCH!

Genussvolles aus ökologischer Produktion im Parkrestaurant des HCC

Das Grüne am Stadtpark. Sinnstiftender und zielführender könnte man das Parkrestaurant im Hannover Congress Centrum nicht überschreiben. Mit herrlichem Blick auf den im Jahr 2014 einhundert Jahre alten Stadtpark, in dem vor über 60 Jahren die erste Bundesgartenschau stattfand, zelebriert Küchenchef Lars Heins eine saisonale Küche ausschließlich aus ökologischer Produktion, die nach den strengen Richtlinien der Gesellschaft für Ressourcenschutz in Göttingen zertifiziert ist. Im Bereich des Veranstaltungsmanagements nimmt das zum HCC gehörende Parkrestaurant damit eine Vorreiterfunktion in der niedersächsischen Landeshauptstadt ein. Und folgt dabei konsequent der Unternehmensphilosophie des Congress Centrum, nachhaltig, verantwortungsvoll und achtsam im Einklang mit der Natur zu leben, zu arbeiten und zu wirtschaften. Ein wegweisendes Konzept, das zugleich im Bioland-Verband einen starken Vertriebspartner an seiner Seite weiß.

Küchenchef Lars Heins, der die gesamte Gastronomie im HCC verantwortet, setzt im bio-zertifizierten Parkrestaurant mit seiner offenen Show-Küche, der schönen Sommerterrasse, den liebevollen „grünen" Details, wie frischen Kräutern auf den Tischen und moosbestückten Wänden, kompromisslos auf erstklassige Produkte, die er – wo immer es möglich ist – regional bezieht. 90 Prozent des Speisen- und Getränkeangebotes ist „bio", weit mehr als gefordert. Alles was Küche und Service auftragen, ist handwerklich von feiner Machart und geschmacklich von bester Güte. Lust auf gesunden Genuss macht im Zuge dieser praktizierten Qualitätsoffensive etwa das Carpaccio von der Fleischtomate mit gratiniertem Ziegenkäse und Aprikosen-Honigvinaigrette. Taufrisch kommen die von Hand gezogenen Kräuter aus dem eigenen Garten auf die Teller. Jeden Tag gibt es neben den saisonal wechselnden Gerichten der Karte eine wechselnde Tagesempfehlung. jeden Donnerstag zudem ein veganes Speisenangebot.

HIRSCHRÜCKEN AUF GESCHMORTEM SPITZKOHL MIT HOLUNDERSAUCE UND KARTOFFEL-BIRNENPÜREE
Dieses Rezept finden Sie auf der Seite 81

PARKRESTAURANT IM
HANNOVER CONGRESS CENTRUM
Carlo Kertess, Lars Heins
*Theodor-Heuss-Platz 1–3, 30175 Hannover
Tel. 05 11 / 81 13-344
www.hcc.de*

REZEPTE

RINDERROULADE HAUSFRAUENART
Teichhûs, Seite 64

ZUTATEN

1 mittelgroße Karotte, 4 mittelgroße Zwiebeln, 1/4 Sellerie
3 Gewürzgurken, 4 Rinderrouladen (à ca. 180 g) aus
der Oberschale, 3 TL Dijon-Senf, 4 Scheiben durchwach-
sener Speck, 2 EL Butterschmalz, 1 El Tomatenmark,
80 ml Rotwein, 2 EL Mehl, 60 g Butter, Salz, Pfeffer
4 Rouladennadeln

ZUBEREITUNG

Karotte und Sellerie schälen, waschen und grob würfeln.
Zwiebeln schälen. Zwei davon grob würfeln, die anderen
beiden in feine Streifen schneiden. Gurken längs in breite
Streifen schneiden. Die Rouladen etwas platt klopfen.
Mit Salz und Pfeffer würzen, dann mit Dijon-Senf bestreichen. Je mit einer Scheibe Speck, Gewürzgurke und ein
paar Zwiebelstreifen belegen. Dann die Seiten der Rou-
lade einknicken und sie der Länge nach straff aufrollen.
Mit der Rouladennadel feststecken.
Butterschmalz in einem großen Bräter erhitzen. Rouladen
darin rundherum kräftig anbraten.
Zwiebel-, Möhren- und Selleriewürfel dazugeben und
goldbraun anbraten. Tomatenmark dazugeben und kurz
anrösten. Mit dem Rotwein ablöschen und circa 3/4 Liter
Wasser dazugeben und aufkochen. Bräter abdecken und
etwa 1 1/2 bis 2 Stunden schmoren.
Rouladen herausnehmen, den Fond durch ein Sieb gießen
und um Eindrittel einkochen. Mehl mit Butter verkneten
und langsam in den reduzierten Fond einrühren. Einmal
aufkochen lassen.
Rouladen wieder in die Sauce geben und servieren. Dazu
schmecken Rotkohl und Kartoffelpüree und als passendes
Getränk ein kräftiger Rotwein, z.B. Spätburgunder.

CRÊPE-CANNELLONI MIT KALB-SPINATFÜLLUNG
Ristorante Botticelli, Seite 68

ZUTATEN
CRÊPE

200 g Mehl, 200 ml Milch, 50 ml Olivenöl, 3 Eier,
1 EL Petersilie, fein gehackt, 1 Prise Salz

BECHAMELSAUCE

1 l Milch, 45 g Mehl, 45 g Butter, Salz, Muskat

TOMATENSAUCE

1,5 kg geschälte Tomaten aus der Dose, 1 Knoblauchzehe,
50 g Olivenöl, Zucker, Salz

FÜLLUNG

500 g gehacktes Kalbsleisch, 1 Karotte, 1 Zwiebel,
1 Stange Staudensellerie, 200 g gegarter Spinat,
Püree von 2 Kartoffeln, 1 Glas Rotwein, Salz, Pfeffer

ZUBEREITUNG

Für die Crêpe alle Zutaten zu einem dickflüssigen Teig
rühren. In einer heißen Pfanne hauchdünne Crêpe
backen und beiseite stellen. Alle Zutaten für die Tomatensauce in einem Topf für 20 Minuten garen und dann
pürieren. Für die Béchamelsauce die Milch mit Muskatnuss aufkochen, die mit Mehl und Butter gemachte
Mehlschwitze dazugeben und klumpenfrei rühren.
10 Minuten köcheln lassen. Für die Füllung Gemüse fein
hacken, mit Olivenöl anschwitzen, Fleisch dazugeben, mit
Rotwein ablöschen und 15 Minuten kochen lassen. Den
Spinat, die pürierten Kartoffeln sowie 1 bis 2 Esslöffel
Bechamelsauce dazugeben, gut vermischen. Die Masse in
die Crêpe einrollen und auf ein Blech legen. Mit Tomatensauce und Bechamelsauce bedecken und im Ofen bei
190 °C 20 bis 30 Minuten backen.

CARPACCIO VOM RINDERFILET MIT PARMESANCREME UND SOMMERTRÜFFEL
Enrico Leone, Seite 70

ZUTATEN
CARPACCIO

400 g Rinderfilet, Mittelstück, pariert, 1 Handvoll Rucola, 80 g Parmesan, 1/2 Zitrone, 60 ml Olivenöl, Salz, Pfeffer aus der Mühle, 80 g Trüffel

PARMESANCREME
150 ml Sahne, 60 g Parmesan, fein gerieben, etwas Trüffelöl

ZUBEREITUNG
Rinderfilet in Frischhaltefolie einwickeln und im Gefrierfach 1 1/2 Stunden anfrieren lassen. Für die Parmesancreme Sahne, Parmesan und Trüffelöl mixen und mit Salz, Pfeffer abschmecken.

Rinderfilet auf der Aufschnittmaschine so dünn wie möglich auf große Teller schneiden. Mit Salz und Pfeffer würzen. Zitronensaft und Olivenöl-Parmesan, Rucola und Parmesancreme auf dem Carpaccio verteilen und zum Schluss den Trüffel mit dem Trüffelhobel über das Carpaccio verteilen.

ORIGINAL WIENERSCHNITZEL VOM KALB MIT STEIRISCHEM VOGERLSALAT IN KNOBLAUCH-KÜRBISKERNVINAIGRETTE
Restaurant Vienna, Seite 72

ZUTATEN FÜR 4 PERSONEN
4 Kalbschnitzel à 180 g (aus der Oberschale), 3 Eier, 250 g Butterschmalz, 1 Zitrone, in Scheiben geschnitten, Mehl, Semmelbrösel, Salz und Pfeffer

SALAT
800 g Kartoffeln, 150 g Feldsalat (Vogerlsalat), 1 Gemüsezwiebel, 6 EL Steirisches Kürbiskernöl, 4 EL Essig, 1 Knoblauchzehe gepresst, 1 Prise Zucker, 1 EL Salz, Pfeffer

ZUBEREITUNG
Die Schnitzel mit Klarsichtfolie bedecken und auf etwa 2 Millimeter Stärke plattieren (klopfen), beidseitig gleichmäßig salzen und peffern. Die Eier verschlagen. Die Kalbsschnitzel in Mehl beidseitig wenden, durch die Eier ziehen und danach in Semmelbröseln wenden. Die Schnitzel leicht abschütteln und überschüssige Brösel entfernen. Butterschmalz in einer Pfanne (circa 2 bis 3 Zentimeter hoch) erhitzen. Die Schnitzel in das heiße Fett legen und unter wiederholtem Schwingen der Pfanne bräunen. Dann vorsichtig wenden und von der anderen Seite fertig backen. Mit einer Backschaufel aus der Pfanne heben. Die Schnitzel abtropfen lassen, mit Küchenkrepp das überschüssige Fett abtupfen und mit einer Zitronenscheibe garniert servieren.

Kartoffeln kochen, schälen und in Scheiben schneiden. Feldsalat waschen. Zwiebel klein schneiden und zu den Kartoffeln dazugeben. Kernöl, Essig, ein wenig Wasser, Zucker, Salz, Pfeffer und gepressten Knoblauch über die Kartoffeln geben und kurz erwärmen. Feldsalat dazugeben und durchmischen, eventuell nochmal salzen.

REZEPTE

CARRÉ D'AGNEAU MIT COUSCOUS, WEISSEN AUBERGINEN, SAFRANJOGHURT UND ROSMARINSTAUB

11 A Küche mit Garten, Seite 74

ZUTATEN

4 Lammracks à 200 g, 50 ml Pflanzenöl, 2 Zweige Rosmarin, 100 g Butter, 3 Knoblauchzehen, Meersalz, schwarzer Pfeffer aus der Mühle

COUSCOUS-SALAT

200 g Cous Cous, 350 ml Geflügelfond, 50 g Kirschtomaten, 30 g weiße Zwiebeln, 1 Zehe Knoblauch, 25 ml weißen Balsamicoessig, 1 Zweig Basilikum, Salz

AUBERGINEN

3 Stück weiße Auberginen, 1 Zweig Rosmarin, 20 ml Olivenöl, 30 g Butter

SAFRANJOGHURT

2 g Safranfäden, 80 g griechischer Joghurt, 30 g Crème fraîche, 20 ml Geflügelfond, 3 Tropfen Tabasco, Salz, weißer Pfeffer aus der Mühle

ROSMARINSTAUB

2 Zweige Rosmarin

ZUBEREITUNG
COUSCOUS-SALAT

Den Geflügelfond mit etwas Salz zum Kochen bringen. Die weißen Zwiebeln in feine Würfel schneiden und mit den fein geschnittenen Knoblauchzehen und den geviertelten Kirschtomaten kurz scharf anbraten, mit etwas Salz würzen und mit dem Balsamicoessig ablöschen. Danach aus der Pfanne nehmen und zur Seite stellen. Den kochenden Geflügelfond über den Couscous geben und 10 Minuten abgedeckt quellen lassen. Danach die gebratene Zwiebel-Kirschtomatenmischung unter den Couscous heben und den grob gezupften Basilikum zugeben..

SAFRANJOGHURT

Den Griechischen Joghurt, die Crème fraîche, etwas Salz und den Tabasco vermischen. Den Geflügelfond aufkochen lassen vom Herd nehmen und die Safranfäden darin einlegen, kalt werden lassen. Danach alles verrühren, nochmals mit etwas Salz abschmecken und kalt stellen.

ROSMARINSTAUB

Die Zweige Rosmarin ca. 1 1/2 Minuten auf höchster Stufe in der Mikrowelle trocken. Danach vom Stiel abzupfen und fein mit dem Mörser mörsern.

AUBERGINEN

Die Auberginen in 10 Kuchenstücke schneiden. In einer gusseisernen Pfanne mit Olivenöl von beiden Seiten anbraten. Zum Schluss den Rosmarin und die Butter zugeben und kurz mit eigenem Bratensatz übergießen.

LAMMKOTELETTS

Das Lamm mit Salz würzen und in einer gusseisernen Pfanne scharf anbraten. Diese dann bei 180 °C für circa 8 bis 10 Minuten in den Ofen schieben. Danach aus der Pfanne nehmen und 5 bis 8 Minuten ruhen lassen. Währenddessen Butter, zerdrückten Knoblauch und Rosmarin in die Pfanne geben, das Fleisch wieder mit dazulegen und mit dem Bratensatz übergießen. Danach am Knochen entlang aufschneiden und servieren.

HIRSCHRÜCKEN AUF GESCHMORTEM SPITZKOHL MIT HOLUNDERSAUCE UND KARTOFFEL-BIRNENPÜREE

Parkrestaurant im Hannover Congress Centrum Seite 76

ZUTATEN FÜR 6 PERSONEN

Ca. 800 g Hirschrücken, 250 ml Holundersaft (Direktsaft von Völkel), 250 ml Wildfond (aus dem Glas), 50 ml Crème de Cassis / Rotwein, Mehlbutter (40 g Mehl, 40 g Butter zum Abbinden), 1 Spitzkohl, 5 mittelgroße Kartoffeln (mehligkochend), 2 Birnen, Weißwein zum Blanchieren, Zitronensaft, Milch, Butter, Rapsöl zum Anbraten, Zimt, Muskatnuss, Pfeffer, Salz,

ZUBEREITUNG

Den Hirschrücken parieren (von Silberhaut und Fett befreien) und in 6 gleich große Steaks schneiden. Mit Salz, Pfeffer und etwas Zimt würzen.

Holundersaft mit Wildfond um die Hälfte reduzieren lassen, mit Cassis und Rotwein veredeln. Aus Butter und Mehl eine Mehlbutter herstellen und damit die Sauce binden.

Den Spitzkohl in Streifen oder Rauten schneiden, mit etwas Butter anschwitzen und bissfest schmoren.

Die Hirschsteaks von beiden Seiten anbraten und im Ofen bei 140 °C circa 8 bis 10 Minuten langsam garen. Die Steaks dürfen gerne noch etwas rosa sein.

Kartoffeln schälen, zerkleinern, in Salzwasser weichkochen. Danach abgießen, durch die Kartoffelpresse drücken und mit heißer Milch, Butter, Salz und Muskat zu Kartoffelpüree verarbeiten.

Birnen schälen und in feine Würfel schneiden, mit Zitronensaft beträufeln und in etwas Weißwein blanchieren. Die fertigen Birnen unter das Püree heben oder daraufstreuen.

DIE EILENRIEDE, DER STADTWALD IN HANNOVER

BIO. GENUSS. LADEN.

Hohe Beratungskompetenz im Fachgeschäft von Niklas Kräling

SALTIMBOCCA VOM KABELJAU MIT
OLIVEN-KARTOFFELSTAMPF UND
MEDITERRANEM OFENGEMÜSE
Dieses Rezept finden Sie auf der Seite 98

Der Name ist Programm. Was der 26-jährige Niklas Kräling und seine Mitarbeiter im Stadtteil Herrenhausen zum aktuellen Genussthema Biolebensmittel an unternehmerischer Performance offerieren, ist gleich in mehrfacher Hinsicht eine wertvolle Entdeckung. Da ist zum einen das großzügige Ladengeschäft, das im Erdgeschoss eines schönen Jugendstilhauses am Westschnellweg auf einer Gesamtverkaufsfläche von 260 Quadratmetern annähernd 3000 Bio-Produkte feilbietet. Da ist zum anderen das in Biofachgeschäften nicht so häufig anzutreffende anspruchsvoll gestaltete Interieur. Genießen steht im Mittelpunkt aller Bemühungen. Und die sind hinsichtlich der vor Ort kultivierten ganzheitlichen Beratungskompetenz, bezogen auf Fachwissen und Liebenswürdigkeit, von ausgewiesener Güte. Familie Kräling verkauft nunmehr in der vierten Generation Obst und Gemüse auf den Wochenmärkten in Ricklingen, Herrenhausen und der in Südstadt. Im August 2010 ging dann der Traum vom eigenen Biomarkt in Erfüllung.

Die Produktpalette reicht von einer Vielzahl an Käsesorten über umfangreiche Offerten für Brot- und hausgemachte Kuchen und Torten, bis hin zu frischem Obst und Gemüse sowie der bestens bestückten Bio-Wein-Vinothek mit erlesenen Tropfen aus ganz Europa und dem Schwerpunkt Deutschland. Feinkostprodukte, Trockenfrüchte, Nahrungsergänzung sowie Naturkosmetik (mit zertifiziertem Studio für Hauschka-Naturkosmetik im ersten Stockwerk) ergänzen das umfassende Angebot. Inhaber Niklas Kräling legt großen Wert darauf, dass seine Mitarbeiter sehr gut ausgebildet sind, so bereichert das Team auch eine Ernährungswissenschaftlerin. Kein Wunder, dass das inhabergeführter Untenehmen vom „Feinschmecker" ausgezeichnet wurde. Unter der Woche gibt es montags bis freitags ein ambitioniertes Tagesgericht zu sehr fair kalkulierten Konditionen. Und wer schon morgens in den Genuss der leckeren Bio-Köstlichkeiten kommen möchte, der darf sich auf vielfältige und stets frisch zubereitete Frühstücksvarianten freuen.

BIO-GENUSS-LADEN
Niklas Kräling
Herrenhäuser Straße 53, 30419 Hannover
Tel. 05 11 / 46 15 21
www.bio-genuss-laden.de

DIE VIELFALT DER GENÜSSE

Die gastliche Expertise von Familie Lühmann hat überregionale Strahlkraft

Am Seeweg in Garbsen laufen die gastronomischen Fäden von Familie Lühmann und ihren in der Region verstreuten Gastronomiebetrieben zusammen. Direkt am Ufer des Berenbosteler Sees liegt das schöne Landhaus am See. Das mit vier Sternen klassifizierte Hotel ist ein reetgedecktes kleines Paradies und hat sich dank seiner Küche auch einen guten Ruf in der Kulinarik der Region Hannover erworben. In den letzten 20 Jahren ist das gastronomische Portfolio der Familie Lühmann systematisch gewachsen. Zu nennen sind neben dem Landhaus mit seinen 45 liebevoll gestalteten Zimmern das Hotel Havelser Hof mit angeschlossenem Traditionswirtshaus Wildhäger und die historische Burg Königsworth, deren über 300 Jahre altes Gewölbe und der schöne Burghof mit gotischer Brücke sich für stimmungsvolle Feiern jeglicher Art geradezu anbieten. Hier wie dort erlebt der Gast, sei er nun Feinschmecker oder Besucher eines gastlichen Events, genussvolle Stunden.

Auch die Referenzliste im Segment von ausgerichteten Catering- und Messeveranstaltungen ist lang und prominent besetzt. Genießer aus nah und fern lassen sich im Landhaus am See das vier- bis sechs-gängige Landhaus-Menü munden oder entscheiden sich à la carte für Entenstopfleber mit Pfifferlingen, Pfirsich und Lavendelmilch oder Rehrücken im Strudelteig mit Blaubeerjus, Kohlrabi-Spinatgemüse und Kartoffel-Crêperolle. Wer es bodenständig-verfeinert mag, der wird im urig-gemütlichem Wildhäger das Passende finden. Beispielsweise Klassiker wie gebratene Regenbogenforelle Müllerin Art mit Butterkartoffeln und Kopfsalat oder gebratene Kalbsleberstreifen in grober Dijon-Senfsauce auf Zwiebel-Birnen-Gemüse und Kartoffelpüree. Das Wirtshaus ist stimmungsvoll und stilvoll zugleich eingerichtet, auch hier macht das Genießen große Freude.

KANINCHENFILETS MIT GEWÜRZEN, ROTKOHLSCHAUM UND GRAUPEN
Dieses Rezept finden Sie auf der Seite 99

LANDHAUS AM SEE
Volker Lühmann
Seeweg 27–29, 30827 Garbsen
Tel. 0 51 31 / 46 86-0
www.landhausamsee.de

HOTEL HAVELSER HOF MIT
WIRTSHAUS WILDHÄGER
Sina Lühmann
Hannoversche Straße 45
30823 Garbsen
Tel. 0 51 37 / 87 49 06-0
www.havelserhof.de
www.wildhaeger.de

DAS SYLT AN DER LEINE

Gosch an der Markthalle ist seit 2010 ein Publikumsmagnet

Als das „Sylt an der Leine" im Oktober 2010 in direkter Anbindung an die Markthalle vor Anker ging, konnten sich Peter Schöftner und seine Ehefrau Annette auf ihr Bauchgefühl verlassen, hier den richtigen Standort für die neue Hannoversche Gosch-Filiale gefunden zu haben. Waren die erfahrenen Gastronomen und Lizenzpartner bereits zuvor mit „Gosch-Sylt" am Standort im Hauptbahnhof der Landeshauptstadt erfolgreich, so ist der Run auf die begehrten Plätze an der Markthalle nun noch größer geworden. Das Interieur mit offener Showküche ist „gosch-like" und hochwertig, dezent in der Farbgebung, mit sandigen Akzenten, blanken Holztischen und stimmig inszenierten Accessoires. Die kreative Handschrift ist unübersehbar, sie verleiht dem Fischspezialitäten-Restaurant eine ganz persönliche Note. Peter Schöftner, der mit seiner Frau maßgeblich das gelungene Interior-Konzept dieses Prototyps einer neuen Gosch-Linie entwickelt hat, betreibt mit der Food + Trend Management GmbH auch die Gosch-Filiale in der Bremer Lloyd-Passage sowie in der Südstadt von Hannover mit großem Erfolg das Café-Bistro Lasall. Das Angebot im Restaurant und im Barbereich mit seinen 120 Plätzen sowie auf dem Sonnendeck der Außenterrasse (weitere 100 Plätze) ist umfangreich und stets von höchster Qualität. Angefangen von „Jacobsmuscheln auf Seegrassalat" über die „Sylter Royal-Auster" bis hin zu kreativen Wok-Gerichten, frischer Pasta aus der Rossini-Nudelproduktion und „Dorschfilet in Senfsauce mit Kartoffeln", dem „Gourmetteller Markthalle" und dem kulinarischen Evergreen „Scampi vom Grill", alle Meeresfrüchte munden köstlich. Und wer Fleisch und Fisch kombinieren möchte, der wird beim „Surf'n Turf" fündig, wenn die Gosch-Küche Rinderfilet, Riesengarnele, Bratkartoffeln, Salat und Rotweinjus zu einem Gesamtgenusswerk arrangiert. Natürlich sind auch die knackigen Fischbrötchen für den schnellen Genuss für unterwegs ein Renner. Gleiches gilt für die gut bestückte Wein- und Barkarte, aus der die Genießer gerne auch mal ein Glas Champagner mit Blick auf das bunte Großstadttreiben wählen.

GOSCH-SYLT AN DER MARKTHALLE
Peter Schöftner
Karmarschstraße 49, 30159 Hannover
Tel. 05 11 / 30 69-1 19
www.gosch-hannover.de

RAFFINIERTE GENIESSER-KÜCHE

Lars Wolfram kocht im legendären Schweizerhof groß auf

Kochgrößen mit Stern wie Norbert Schu, Dieter Grubert und Christian Lohse haben einst im Schweizerhof in Hannover ihre großartigen Karrieren begonnen und den erstklassigen kulinarischen Ruf des First-Class-Hotels in der Hinüberstraße mit begründet. Hier war in den 1980er-Jahren eine der Schaltzentralen des „Hannoverschen Küchenwunders". Heute wird die große Tradition ambitionierter Köche fortgesetzt, denn mit Küchenchef Lars Wolfram ist im Bistro Schweizerhof ein ebenso zielstrebiger wie talentierter Herdzauberer am Werk. Auch er kennt sich in der hoch dekorierten Spitzenküche bestens aus, kochte er doch in gleich zwei Düsseldorfer Sternerestaurants: dem Victorian und dem Berens am Kai. Was Lars Wolfram und seine Brigade aus der offenen Showküche des Bistros, das im Grunde ein veritables Großstadtrestaurant ist, an feinen Köstlichkeiten schicken, zählt mit zum Besten, was die City von Hannover zu bieten hat. Kreativ und raffiniert, handwerklich von großer Könnerschaft und zumeist von regionaler Herkunft, so präsentiert sich Lars Wolframs frischmoderne deutsche Küche. Mittags gibt es günstig kalkulierte A-la-Carte-Speisen mit Tagesempfehlungen, darunter stets auch Klassiker der deutschen Hausmannskost wie beispielsweise Königsberger Klopse, die freilich tragen unverkennbar die ganz eigene Handschrift von Lars Wolfram. Abends legt die Kochbrigade dann noch eine Schippe darauf, wenn sie beispielsweise „Gebratene Seeteufelloins mit Olivenkrautsauce, mediterranem Risotto und Chorizo", „Brust vom Schwarzfederhuhn mit Mango-Joghurtsauce, Frühlingszwiebeln und Touron-Kartoffelpüree" oder den hier vorgestellten „Nord-Süd-Gipfel von Zanderfilet und Weißwurst" vom charmanten und stets vorbildlich agierenden Service auftragen lässt. In Hoteldirektor Klaus-Peter Röding hat das Vier-Sterne-Hotel Crowne Plaza Schweizerhof Hannover nicht nur einen international arrivierten General Manager an der Spitze, sondern auch einen bekennenden Genussmenschen, der Wolframs aromenpointierte Ausflüge ins sinnliche Reich von Kulinarien unterstützt.

NORD-SÜD-GIPFEL: ZANDER/ZIEGENKÄSE/
WEISSWURST/ERBSE/TOMATE/KARTOFFEL
Dieses Rezept finden Sie auf der Seite 96

BISTRO SCHWEIZERHOF
CROWNE PLAZA HANNOVER
Klaus-Peter Röding, Lars Wolfram
Hinüberstraße 6, 30175 Hannover
Tel. 05 11 / 34 95-0
www.crowneplaza-hannover.de

LA PETITE FRANCE

Französische Lebensart und feinste Bistroküche im Le Monde

LAMMKARREE MIT FLAGEOLETS
Dieses Rezept finden Sie auf der Seite 100

Die Welt des Ingo Welt ist durch und durch kulinarisch motiviert. Mit seinem Bistro Le Monde zählt der Patron und Koch seit vielen Jahren in Hannover zur handverlesenen Riege der mehrfach ausgezeichneten Cuisiniers. Für das Mutterland der gehobenen Küche und verfeinerten Esskultur, Frankreich, schlägt das Herz von Ingo Welt und seiner Frau Anja Debou. Im Herzen Hannovers, an der Grenze zum Stadtteil List, ist so etwas wie eine kleine exterritoriale Dependance entstanden: La petite France, mit allem was man mit Genuss, Weinkultur und Savoir Vivre landläufig verbindet. Das Interieur des Bistros im Erdgeschoss eines ehrwürdigen Altbaus an der Podbielskistraße ist geschmackvoll konzipiert und „très français". Kleine, eng gestellte Tische, Holzfußboden und Fotoimpressionen von französischen Leinwandgrößen und Pariser Stadtmotiven bestimmen die Szenerie. Gastgeberin Anja Debou hält nicht nur die größte Pastisauswahl der Landeshauptstadt für den Connaisseur parat, sie ist omnipräsent und leitet mit großem Geschick im stets gut besuchten Bistro den aufmerksamen Service.

Was Patron Ingo Welt, der einst bei Josef Viehhauser im Le Canard arbeitete, und sein Souschef, der zuvor im Hamburger Louis C. Jacob kochte, in Bistro und sommers im lauschigen Hofgarten darreichen, ist handwerklich perfekt und wird mit großem Aufwand, gerne auch kleinteilig, präsentiert. Der kulinarische Renner ist das Degustationsmenü „Le pas de deux", das für zwei Personen neun leckere Vorspeisen in Tapasgröße, jeweils einen Hauptgang nach Wahl und Ingo Welts berühmte Dessertkreationen in fünf süchtig machenden Petitessen offeriert. Der Haubenkoch selbst liebt Schokolade, hat sich in Frankreich bei den Besten der süßen Zunft weitergebildet. Der strenge Gault Millau kommt ins Schwärmen, wenn Welt Schokoladenträume wahr macht. Aber auch bei Perlhuhnbrust mit Aprikosen und Pfifferlingen, Rotbarbenfilet mit Tintenfisch-Bolognese oder geschmortem Tafelspitz mit Stopfleber geraten die Genießer regelmäßig in Verzückung.

LE MONDE
BISTRO & HOFGARTEN
Ingo Welt und Anja Debou
Podbielskistraße 107, 30177 Hannover
Tel. 05 11 / 78 12 11
www.le-monde-bistro.de

LÄNDLICH-FEIN IN WINSEN

Die Kalandstube ist ein zauberhafter Ort für genussvolle Stunden

Rendezvous mit einer der schönsten gastlichen Einkehradressen in der Metropolregion Hannover. Zu Gast sein im Café und Restaurant Kalandstube am Museumshof Winsen an der Aller bedeutet stets eine stimmungsvolle Zeitreise zu unternehmen, denn das niedersächsische Zweiständerfachwerkhaus aus dem Jahre 1781 atmet auf Schritt und Tritt Regionalgeschichte. Es bildet neben zwölf weiteren baulichen Kleinoden aus dem bäuerlichen Leben in der Südlichen Lüneburger Heide die gastliche Mitte des Winser Museumsdorfes. Der ansässige Heimatverein baute das nach der katholischen Kalandbruderschaft benannte Bauernhaus im Jahre 2005 originalgetreu auf dem Museumshof wieder auf und rettete es damit vor dem Zerfall. Heute ist es ein wahres Schmuckstück, das Pächter Carsten Lindhorst mit großer Hingabe und gastronomischer Kompetenz hegt und pflegt.

Gemeinsam mit seinem Küchenchef Eduard Dückmann kultiviert der Gastgeber aus Leidenschaft und gelernte Restaurantfachmann eine bodenständig verfeinerte Jahreszeitenküche, die von rustikal bis gehoben eine große Bandbreite abdeckt. Neben Klassikern wie hausgemachtem Sauerfleisch mit Bratkartoffeln und grüner Sauce stehen auch die geschmorte Heidschnuckenkeule mit grünen Bohnen und Rosmarinkartoffeln oder das Rehschnitzel im Nussmantel in der Gunst der Gäste ganz oben.

Berühmt ist die Kalandstube für ihre himmlisch-leckeren Torten und Kuchen. Für die süßen Köstlichkeiten wie beispielsweise Himbeer-Schmandtorte, Heidetorte, Stachelbeer-Baisertorte und Holunderkirsch-Torte nehmen die Genießer auch eine weitere Anreise gerne in Kauf. Im Sommer sitzt man auf der schönen Gartenterrasse unter mächtigen Eichenbäumen und lässt es sich gut ergehen. Vielleicht bei einem Gläschen vom eigenen Rieslingwein „Jus Stine", benannt nach den beiden Kindern Justus und Stine von Carsten Lindhorst, den das renommierte rheinhessische Weingut Gunderloch exklusiv für die Kalandstube abfüllt.

SAUERFLEISCH VOM SCHWEINENACKEN
Dieses Rezept finden Sie auf der Seite 101

KALANDSTUBE
CAFÉ & RESTAURANT
Carsten Lindhorst
Brauckmanns Kerkstieg 10, 29308 Winsen/Aller
Tel. 0 51 43 / 66 56 75
www.kalandstube.de

REZEPTE

NORD-SÜD-GIPFEL:
ZANDER/ZIEGENKÄSE/WEISSWURST/ERBSE/TOMATE/KARTOFFEL
Bistro Schweizerhof, Seite 90

ZUTATEN

ZANDERFILET

4 Zanderfilets à 130 g, Olivenöl, Meersalz

WEISSWURST

4 Original Münchner Weißwürste, süßer Senf

ZIEGENKÄSE

*100 g Saint Maure Fermier Blanc Ziegenfrischkäse,
5 ml Olivenöl, 50 g gepulte Erbsen, 10 g gerösteter Knoblauch, Basilikum, getrocknete Paprikaschalen, Salz,
weißer Pfeffer aus der Mühle*

ERBSENSAUCE

*200 g frische Erbsen, 50 g Butter, 1 Schalotte,
250 ml Geflügelbrühe, Salz, Zucker*

KARTOFFELKOHLE

*250 g mehlig kochende Kartoffeln, 1 Ei, 60 g Hartweizen-
grieß, 75 g Mehl, 1/2 EL Sepiatinte, 20 g geriebener Parmesan, 10 ml Olivenöl, Öl zum Frittieren, Salz*

ZUM ANRICHTEN

*Kresse-Mix, Mini Ochsenherztomaten, rote Zwiebeln, Mehl,
Öl zum Frittieren, Salz, schwarzer Pfeffer aus der Mühle*

ZUBEREITUNG

ZANDER

Das Zanderfilet auf der Hautseite einschneiden damit es gleichmäßig gart, mit Meersalz würzen und auf der Hautseite kross in Olivenöl anbraten. Sobald es kross ist, wenden und bei niedriger Temperatur glasig zu Ende braten.

WEISSWURST

Einen Topf mit Wasser zum Kochen bringen und die Weißwürste hinzugeben. Den Topf von der Herdplatte nehmen, die Würste nach etwa fünf Minuten vom Darm befreien und die Enden abschneiden sodass sie auf den Tellern stehen können.

ZIEGENKÄSE

Den Ziegenkäse zerkleinern und mit dem Olivenöl, dem gerösteten Knoblauch und den Basilikumstreifen vermengen, mit Salz und Pfeffer abschmecken und zu einer Kugel formen. Ein Zylinder vom Ziegenkäse formen. Die Erbsen in siedendem Wasser garen und die Schale abpulen. die Erbsen halbieren und mit der Runden Seite nach oben an den Ziegenkäsezylinder andrücken.

KARTOFFELKOHLE

Die Kartoffeln schälen und zum Kochen bringen. Sobald sie gar sind, das Wasser abgießen und die Kartoffeln auf dem Herd ausdampfen lassen. Die Kartoffeln pressen. Das Ei mit der Sepiatinte vermischen und unter die noch warme Kartoffelmasse heben. Grieß, Mehl, Olivenöl und Parmesan unter die Masse arbeiten. Mit einem Dressiersack gleichmäßige Rollen spritzen und die Rollen einmal im Kühlschrank durchkühlen lassen (etwa 20 Minuten). Die Rollen in gleichmäßige Teile portionieren und zu Kohlestücken formen. Die Kohle bei 180 °C frittieren bis sie knusprig ist. Dann mit etwas Mehl bestäuben um die Asche nachzuahmen.

ERBSENSAUCE

Die Erbsen pulen und in Butter mit den in Würfel geschnittenen Schalotten garen, mit Salz und Zucker abschmecken und mit der Brühe angießen. Sobald die Erbsen gar sind, von der Kochplatte nehmen und pürieren. Die Masse durch ein feines Sieb streichen und sofort auf Eis kalt rühren damit sie ihre grüne Farbe behält.

OCHSENHERZTOMATEN

Die Tomaten an der Unterseite einritzen, so dass ein Kreuz entsteht. Das Öl auf 180 °C erhitzen, die Tomaten 15 Sekunden frittieren und an der Einritzstelle die Haut nach oben ziehen, danach weitere 45 Sekunden frittieren. Die Tomaten auf Krepppapier abtropfen lassen und mit Salz und Pfeffer würzen.

PAPRIKAPULVER

Die Schalen von gelber und roter Paprika bei 55 °C im Backofen trocknen. Wenn sie trocken genug sind, in der Kaffeemühle zerkleinern.

RÖSTZWIEBELN

Rote Zwiebeln schälen, in dünne Scheiben schneiden, mehlieren und bei 180 °C knusprig frittieren, mit Salz würzen.

ANRICHTEN

Die Erbsensauce gleichmäßig auf den Teller als Spiegel gießen. Rechts auf dem Teller die Weißwurst mit süßem Senf und den Röstzwiebeln dekorieren. Die Ziegenkäsekugel in dem Paprikapulver wälzen und in die Mitte setzen, Den Ziegenkäsezylinder daneben positionieren. Das gebratene Zanderfilet links auf dem Teller platzieren und in die eingeritzten Zwischenräume die Kresse stecken. Links und rechts vom Ziegenkäse die Kartoffelkohle anrichten und die Ochsenherztomaten darauf legen.

REZEPTE

SALTIMBOCCA VOM KABELJAU MIT OLIVEN-KARTOFFELSTAMPF UND MEDITERRANEM OFENGEMÜSE
Bio-Genuss-Laden, Seite 84

ZUTATEN FÜR 4 PERSONEN
SALTIMBOCCA

4 Scheiben Kabeljaufilet, 2 Scheiben Parmaschinken,
10 Salbeiblätter, 150 ml trockner Weißwein
50 g Butter zum Braten, 50 g Butter, eiskalt, zum Binden
Salz, Pfeffer

OLIVEN-KARTOFFEL-STAMPF

1,2 kg halbmehlige Kartoffeln, 50 g Butter, 100 ml Oli-
venöl, 4 TL Olivenpaste (z.B. von Rapunzel), Salz

OFENGEMÜSE

2 rote, 2 gelbe, 1 grüne Paprika, 4 Lauchzwiebeln,
2 Zucchini, 8 kleine Cocktailtomaten, 2 Knoblauchzehen,
Olivenöl, Salz, Pfeffer

ZUBEREITUNG

Kartoffeln schälen und in Salzwasser gar kochen.
In der Zwischenzeit Paprika, Zucchini in Gabelstückchen
und Lauchzwiebeln in 1 Zentimeter lange Stückchen
schneiden. Knoblauch fein hacken, mit dem Gemüse
vermischen und auf einem Backblech verteilen. Mit

Olivenöl beträufeln, mit Salz und Pfeffer würzen und bei
180 °C Umluft für circa 10 Minuten im Backofen garen.
Die Tomaten kreuzweise an der Spitze einschneiden, salzen
und pfeffern und für circa 5 Minuten auf das Backblech zum
Gemüse stellen.
Den Fisch waschen, mit Salz und Pfeffer würzen und auf
jedem Filet je eine 1/2 Schinkenscheibe und ein Salbeiblatt mit
einem Spieß befestigen.
Die fertig gegarten Kartoffeln abgießen, grob stampfen, Butter
und das Olivenöl unterrühren und noch einmal abschmecken.
Evt. mit etwas Salz und Olivenöl nachwürzen.
Die Butter in einer beschichteten Pfanne erhitzen und die
vorbereiteten Kabeljaufilets auf der Schinken-/Salbeiblattseite
etwa 2 Minuten scharf anbraten. Danach wenden und circa
1 Minute weiter braten. Den fertig gebratenen Fisch aus der
Pfanne nehmen, den Weißwein angießen, die restlichen
Salbeiblätter dazu geben und alles kurz einkochen lassen.
Die Pfanne vom Herd nehmen und durch das Einschlagen
der eiskalten Butterstückchen, die Sauce binden.
Alles auf einem Teller anrichten und mit einem 1 Teelöffel
Olivenpaste das Oliven-Kartoffel-Stampf verzieren.

KANINCHENFILETS MIT GEWÜRZEN, ROTKOHLSCHAUM UND GRAUPEN

Landhaus am See, Seite 86

ZUTATEN

KANINCHENFILET

4 Kaninchenfilets, 2 Sternanis, 2 Zimtstangen,
3 Knoblauchzehen, 10 g Butter, Salz, Pfeffer

ROTKOHLSCHAUM

1 kleiner Rotkohl, 200 ml Apfelsaft, 100 ml Kirschsaft,
1 EL Preiselbeermarmelade, 1 Zimtstange, 1 Orange,
1 TL Himbeeressig, 1/2 TL Cayun-Gewürzmischung,
100 g Butter, 1 TL Zucker, Salz, Pfeffer

GRAUPEN

80 g Perlgraupen, 100 ml Apfelwein, 100 ml Apfelsaft,
200 ml Gemüsebrühe, 30 g Butter, 1 Lorbeerblatt,
1 Schalotte, Salz, Pfeffer

ZUBEREITUNG

Für den Rotkohlschaum den Rotkohl fein schneiden, in eine Schüssel geben und mit Salz und Zucker 2 Minuten kneten. Apfelsaft, Kirschsaft, Preiselbeermarmelade, Zimtstange, Himbeeressig und Cayun zugeben. Orangenschale abreiben und Orange auspressen, Saft und Schale zum Rotkohl geben. Den Rotkohl zugedeckt über Nacht ziehen lassen. Am nächsten Tag Rotkohl in ein Sieb geben und den Rotkohlfond in einem Topf auffangen. Den Fond auf die Hälfte einreduzieren lassen und mit einem Stabmixer kalte Butter untermixen und mit Salz und Pfeffer abschmecken.

Für die Graupen die Schalotte schälen und fein würfeln. Die Schalotte in einem Teil der Butter anschwitzen, die Graupen zugeben und kurz mitschwitzen. Lorbeerblatt zugeben und mit Gemüsebrühe und Apfelsaft ablöschen. Die Graupen unter wenig Hitzezufuhr köcheln lassen. Immer wieder rühren und aufpassen, dass die Graupen nicht anbrennen. Sollte fast keine Flüssigkeit mehr im Topf sein, den Apfelwein zugeben und weiter köcheln lassen, insgesamt sollten die Graupen 30 Minuten kochen. Es darf fast keine Flüssigkeit mehr im Topf sein und die Graupen müssen weich sein. Dann die restliche Butter unterziehen und mit Salz und Pfeffer abschmecken.

Die Kaninchenfilets von der Silberhaut befreien. Knoblauchzehen schälen und vierteln. Butter in einer Pfanne erhitzen, Knoblauch, Sternanis und Zimt zugeben und kurz rösten. Dann die Kaninchenfilets zugeben und rundherum leicht bräunen. Die Filets in der heißen Pfanne 3 bis 4 Minuten unter ständiger Bewegung garen. Graupen auf Tellermitte verteilen und mit Rotkohlschaum umgießen. Kaninchenfilets dritteln und auf die Graupen anrichten. Mit den Gewürzen und Knoblauch vom Anschwenken garnieren.

REZEPTE

LAMMKARREE MIT FLAGEOLETS
Le Monde, Seite 92

ZUTATEN

4 Lammkarrees à 400 g, 4 EL Olivenöl, 2 Zweige Rosmarin
4 Zweige Thymian

SAUCE

2 kg Lammknochen, 2 Karotten, 1/6 Sellerie, 2 Metzger-
zwiebeln, 1/2 Knolle Knoblauch, 500 ml Rotwein,
Lorbeer, Pfeffer, Wacholder, Thymian, Rosmarin,
Salz, Mehlbutter

FLAGEOLETS

200 g Flageolet-Bohnen, über Nacht in kaltem Wasser
eingeweicht, 50 g Karotten, 50 g Sellerie, 50 g Zwiebeln,
50 g Lauch, 2 EL Olivenöl, Knoblauch, Salz, Pfeffer

KARTOFFELN

16–20 Kartoffeln der Sorte La Ratte, Olivenöl zum
Anbraten, Rosmarin

ZUBEREITUNG

Thymian und Rosmarin fein hacken und mit dem
Olivenöl vermengen und die Karrees damit einreiben.
1 bis 2 Stunden marinieren.

Für die Sauce Lammknochen anrösten. Karotten, Sellerie
und Zwiebeln in walnussgroße Würfel schneiden, Knoblauch pellen. Anschließend alles zu den Knochen geben
und mitrösten. Mit Rotwein ablöschen, die Kräuter und
Gewürze dazugeben, mit Wasser bedecken und circa
1 1/2 Stunden köcheln lassen. Durch ein Sieb passieren
und auf ein Viertel reduzieren und mit etwas Mehlbutter
binden.
Die eingeweichten Flageolet-Bohnen in reichlich Wasser
gar kochen. Karotten, Sellerie, Zwiebeln und Lauch in
Brunoise (sehr kleine Würfel) schneiden, den Knoblauch
pressen. Alles in Olivenöl farblos anschwitzen, Bohnen
dazugeben, mit Salz und Pfeffer abschmecken.
Das Lammkarree von allen Seiten anbraten und anschließend 15 Minuten bei 170 °C mit Umluft im Ofen fertig
garen.
Pro Person 4 bis 5 Kartoffeln zu 3/4 garen, abkühlen
lassen, anschließend halbieren und auf der Schnittfläche
mit Olivenöl in der Pfanne braten. Mit Rosmarin bestreuen.
Flageolets, Sauce und Kartoffeln auf dem Teller arrangie-
ren. Lammkarrees in der Mitte teilen und die Knochen in
einander stecken, aufrecht auf die Flageolets setzen.
Mit einem Thymianzweig garnieren.

SAUERFLEISCH VOM SCHWEINENACKEN
Kalandstube, Seite 94

ZUTATEN FÜR 10 PERSONEN

2 kg Schweinenacken am Stück, ohne Knochen,
1 großes Bund Suppengemüse, 40 g schwarze Pfefferkör-
ner, 3 geschälte Zwiebeln, 1 kleines Bund Petersilie,
2 Lorbeerblätter, 18 Blatt Gelatine, 80 ml Essigessenz
1 1/2 TL Salz, 1 TL Zucker, Pfeffer

ZUBEREITUNG

Für den Sud 1,5 Liter Wasser mit Salz aufkochen. Den Schweinenacken abspülen und in den Topf geben. Das Suppengemüse schälen, in Stücke schneiden, mit den Pfefferkörnern, Zwiebeln, Petersilie und Lorbeerblättern zur Brühe geben. Alles zusammen zugedeckt circa 2 Stunden bei mittlerer Hitze garen. Anschließend das Fleisch herausnehmen, den Sud durch ein Sieb gießen und gegebenenfalls entfetten. Den Schweinenacken in circa 1,5 Zentimeter dicke Scheiben schneiden und in eine tiefe Form legen. Die Gelatine in kaltem Wasser circa 5 Minuten einweichen lassen. Die Essig-Essenz zur Brühe geben, kräftig mit Salz, Pfeffer und Zucker abschmecken. Die Gelatine ausdrücken und in der Brühe auflösen. Den Sud über die Fleischscheiben gießen und das Sauerfleisch – am besten über Nacht – in der Kühlung fest werden lassen.

Dazu schmecken kross gebratene Bratkartoffeln und Remouladensauce.

DER MARIENDOM ZU HILDESHEIM: SEIT 1985 UNESCO-WELTERBE

DAS DENKMAL VON BISCHOF BERNWARD VON HILDESHEIM AM DOM

HILDESHEIM

Auf dem Weg zum 1200-jährigen Stadtjubiläum

Hildesheim, eine knappe halbe Autostunde südlich von Hannover gelegen, ist eine Stadt, in der die Superlative daheim sind. Gepriesen vor Jahr und Tag als „gesündeste Stadt Deutschlands", hat die Stadt am Flusslauf der Innerste gleich zwei UNESCO-Welterbestätten und in unmittelbarer Nachbarschaft mit dem von Walter Gropius erbauten Fagus-Werk in Alfeld sogar eine dritte zu bieten. Seit 1985 stehen der Hildesheimer Dom und die Kirche St. Michaelis auf der Liste der universellen Kulturschätze der Menschheit. Hildesheim feiert gemeinsam mit dem Bistum Hildesheim, das von Kaiser Ludwig den Frommen im Jahr 815 gegründet wurde, im Jahr 2015 sein 1200-jähriges Stadtjubiläum. Die Schätze der beiden Welterbestätten sind einzigartig. Allen voran die bereits im Jahr 1015 in Bronze und in einem Stück gegossene Bernwardtür im Dom zu Hildesheim, die Christussäule aus dem Jahr 1020 und das monumentale Holzdeckenbild aus dem 13. Jahrhundert in der frühromanischen St.-Michaelis-Kirche sind spektakuläre Kunstschätze, von denen es in Hildesheim noch viele andere gibt. Etwa im Roemer- und Pelizaeus-Museum mit seiner weltbekannten Altägypten-Sammlung. Ein Hildesheim-Besuch, ohne dem 1000-jährigen Rosenstock an der Apsis des Domes seine Aufwartung gemacht zu haben, wäre unvollständig. Die gute Stube ist der historische Marktplatz mit den rekonstruierten Gebäuden wie etwa dem Knochenhauer Amtshaus und seinem prachtvollen Fachwerkgewand. Nicht nur für Romantiker sollte der Besuch von Schloss Marienburg nahe Hildesheim zum Pflichtprogramm gehören. Der letzte König von Hannover, Georg V., machte dieses prachtvoll auf einer Anhöhe residierende Schloss seiner Frau Marie von Sachsen-Altenburg zum Geschenk.

Großzügigkeit und Vielfältigkeit charakterisiert auch das bodenständig-regionale Speisenangebot in den Restaurants und Gaststuben der Universitätsstadt. Zu den wenigen ortstypischen Gerichten und Produkten zählt der Hildesheimer Pumpernickel, ein würziges Nuss-Mandel-Knuspergebäck und der Hildesheimer Luttertrunk, ein uraltes Ratsherrengetränk, das seit über 500 Jahren in der Privilegierten Rats-Apotheke aus dem Jahr 1318 hergestellt und vertrieben wird.

DAS GASTLICHE WOHNZIMMER

Im Hofcafé auf der Marienburg ist die Konditorenkunst daheim

FRISCHKÄSETORTE
Dieses Rezept finden Sie auf der Seite 138

Wenn Helge Peinzger mit seinen drei Rhodesian Ridgebacks durch die Felder und Wälder rund um die Hildesheimer Marienburg streift, dann ist der gebürtige Magdeburger ein glücklicher Mensch. Glücklich, zufrieden und voller Tatendrang ist er auch, wenn der die Türen zu seinem süßen Reich aufschließt. Seit zehn Jahren ist der gelernte Konditor der kulinarische Impresario im Hofcafé Domäne. Waren die Anfänge noch eher bescheiden und verlangten dem passionierten Gastgeber viel Improvisationstalent ab, so zählen die spätmittelalterliche Wasserburg unweit der Innerste und ihr dazugehöriges Hofcafé heute gleichsam zum Pflichtprogramm, wenn man die Welterbestadt Hildesheim besucht und handwerklich beste Konditorenkunst probieren und genießen möchte. Nicht nur bei den Studenten und Lehrbeauftragten im Fachbereich Kulturwissenschaften der Universität Hildesheim, die auf dem Gelände der Domäne Marienburg beheimatet sind, ist das Hofcafé mit seiner schönen Galerie und den herrlichen drei Außenterrassen ein nachgefragtes Genussziel. Von weit her kommt man inzwischen an diesen gastlichen Platz, den Helge Peinzger wegen seiner besonderen Atmosphäre und über 600-jährigen Geschichte gar als „magisch-zauberhaften Ort der Sinne" bezeichnet.

Der kulinarische Tag beginnt bei Helge und seinem Bruder Malte Peinzger, dem der Service untersteht, mit leckerem À-la-carte-Frühstück und Wiener Kaffeespezialitäten in Manufakturqualität. Die Genussreise setzt sich mittags mit hochwertigen und dennoch preisgünstigen Gerichten für den Lunch fort. Koch Manuel Schönemeier verantwortet mit handwerklichem Geschick seit sieben Jahren die warme Küche im Hofcafé. Aus ihr kommt es Erlesenes wie beispielsweise Ibericoschwein mit Kartoffelstrudel oder Persische Linsen. Berühmt sind freilich vor allem Peinzgers süße Kunstwerke. Ständig im Angebot sind je nach Jahreszeiten bis zu 15 verschiedene hausgemachte Torten und Kuchen, darunter die auch in Hannover bekannte Kestner-Torte.

HOFCAFÉ DOMÄNE MARIENBURG
Helge Peinzger
31141 Hildesheim
Tel. 0 51 21 / 26 16 01

GEDIEGENES AMBIANCE

Annähernd 300 Jahre Gastlichkeit in „Meines Saal"

Das kleine Flüsschen Alme gibt der Gemeinde im Landkreis Hildesheim ihren Namen. Almstedt wurde urkundlich bereits 1151 erwähnt. Das Dorf hat bis heute seinen ursprüngliche Charme bewahrt. Zahlreiche gut erhaltende Fachwerkhäuser schmücken das Ortsbild. Ein solches baugeschichtliches Juwel ist Meines Saal, das von Ulf-Jürgen Meine in neunter Generation betrieben wird. Eine gastliche Stätte mit imposanter Historie. Das Haupthaus wurde im Jahr 1720 gebaut und in wenigen Jahren feiert es sein 300-jähriges Bestehen. Heute öffnen sich die Tore ausschließlich für kulinarische Veranstaltungen wie Hochzeiten, Geburtstage und andere festliche Gesellschaften ab 20 Personen. Schmuckstück des Gebäudeensembles ist ohne Zweifel der historische Saal aus dem Jahr 1899 mit seiner beeindruckenden hölzernen Schiffsdecke, dem nordamerikanischen Pitchpine-Holzfußboden und den zahlreichen kostbaren landwirtschaftlichen Museumsstücken. Beheizt wird der urgemütliche Saal für maximal 140 Gäste von einem Bullerjan. Dieser ist eine weitere Augenweide und der rechte Rahmen, um Ulf Meines kreative, stets frisch zubereitete Gerichte in stilvoller Ambiance zu genießen.

Der Patron hat als gelernter Koch viele Jahre in renommierten Häusern gearbeitet. Stolz ist er auf den über 2 000 qm großen Kräutergarten, dessen Kräuter taufrisch verarbeitet werden. Den zahlreichen Stammgästen munden Köstlichkeiten wie Flenithgauer Zungenragout oder rosa gebratenes Schweinefilet im Frischkäsekräutermantel. Immer steht die Qualität der Gerichte im Vordergrund, obschon die ganz besondere Atmosphäre auch eine Trumpfkarte im Portfolio des Traditionshauses unweit der Welterbestadt Hildesheim ist. Im wunderschönen Gastgarten, der dem Saal angeschlossenen ist, laden Rosenbögen zum Spaziergang ein. Aber auch Kinder sind hier gut aufgehoben. Schaukeln und Rasenfläche laden zum Spielen und Toben ein. Für die Kleinen ist in einem separaten Spiel-, Schlaf-, und Stillraum gesorgt.

MEINES SAAL
Ulf-Jürgen Meine
Hauptstraße 45, 31079 Almstedt
Tel. 0 50 60 / 4 60
www.meines-saal.de

MIT DEM „AUSWANDERER" HINÜBER ZUR FESTUNGSINSEL WILHELMSTEIN

SEGELPARADIES STEINHUDER MEER

STEINHUDER MEER

Ein Meer zum Entdecken, Erleben und Genießen

Der Steinhuder Hecht ist ein Prachtexemplar. Erstmals tauchte der stattliche „Fisch" im Jahr 1772 vor der Inselfestung Wilhelmstein im Steinhuder Meer nordwestlich von Hannover auf. Er hatte Segel, eine bewegliche Schwanzflosse und konnte 12 Minuten am Stück tauchen. Acht Mann Besatzung hatten in ihm Platz. Nicht vom Raubfisch ist die Rede, sondern vom allerersten Unterwasserboot, das in Deutschland gebaut wurde. Auftraggeber war Graf Wilhelm von Schaumburg-Lippe, der die kleine künstliche Insel Wilhelmstein ab 1761 aufschütten ließ, um eine Musterfestung mit Militärschule darauf zu errichten. Der Graf wollte in seinem Kleinstaat einen uneinnehmbaren Fluchtpunkt haben, mit sternförmiger Schanze, vier Bastionen und einer Zitadelle. Seiner Zeit weit voraus war der Landesherr mit dem U-Boot namens „Steinhuder Hecht". Heute ist ein Modell im Museum der Insel, die bis ins Jahr 1870 auch als Gefängnisinsel diente, zu bestaunen. Der Besuch ist lohnenswert, schon weil die Überfahrt mit den kleinen Booten, den so genannten Auswanderern, ein schönes Freizeitabenteuer ist. Die hölzernen Segelboote heißen bis heute so, weil mitten durch das Steinhuder Meer bis 1866 die Staatsgrenze zwischen dem Fürstentum Schaumburg-Lippe und dem Königreich Hannover verlief, man also gleichsam auswanderte, wenn man das jeweils gegenüberliegende Ufer ansteuerte.

Besagter Graf Wilhelm war ein weit gereister Mann. Aus Portugal brachte er die Idee mit, in Steinhude eine Schokoladenmanufaktur zu errichten. Der Plan wurde in die Tat umgesetzt. 1763 erteilte Graf Wilhelm die Realkonzession und die Produktion der süßen Köstlichkeiten begann. Und so darf sich Steinhude bis heute damit zieren, Heimstatt der ersten deutschen Schokoladen-Manufaktur zu sein.

Genießen am Ufer des größten Binnensees in Nordwestdeutschland hat viele Facetten. Der köstlich geräucherte Steinhuder Aal ist die Spezialität schlechthin. Er wird traditionell im Altonaer Ofen über Buchenholz geräuchert. Die Fischer haben ihre streng geheimen Familienrezepte. Am besten schmecken die frischen Aal-Brötchen und all die anderen Fischspezialitäten direkt „auf der Hand", wie man hier zu sagen pflegt.

Steinhude mit seinem historischen Scheunenviertel, der schönen Badeinsel und der gepflegten Gastkultur ist eines der touristischen Zentren am Steinhuder Meer, das immerhin 32 Quadratkilometer groß ist und im Herzen des gleichnamigen Naturparks verortet ist. Sehenswertes findet man in direkter Nachbarschaft reichlich. Schloss Landestrost in Neustadt am Rübenberge mit seiner bekannten Sektkellerei ist einen Besuch ebenso wert wie das gut erhaltene ehemalige Zisterzienser-Kloster Loccum im nahen Rehburg-Loccum, das im Jahr 2013 sein 850-jähriges Bestandsjubiläum feiern konnte. Ein Ausflugsziel für die ganze Familie ist der „Dinopark" in Münchehagen mit seinen über 150 Dinosaurier-Rekonstruktionen in Originalgröße und den Jahrmillionen alten versteinerten Saurier-Fußstapfen. Und einmal im Jahr steht im Sommer das „Steinhuder Meer in Flammen", dann ist eine ganze Region auf den Beinen, um den zahlreichen Konzerten zu lauschen, die lukullischen Leckereien und das große nächtliche Höhenfeuerwerk direkt über dem See, pardon, dem Meer, zu genießen.

VOR ANKER GEHEN IM GRÖSSTEN SEE NORDWESTDEUTSCHLANDS

DAS HAUS DER BERÜHMTEN AALE

Fischspezialitäten aus dem Steinhuder Meer in historischer Kulisse

AAL GRÜN
Dieses Rezept finden Sie auf der Seite 138

Das Steinhuder Meer ist der größte See Nordwestdeutschlands und das touristische Zentrum des Naturparks Steinhuder Meer. Einer der schönsten Orte in diesem kleinen Stück Paradies ist Steinhude mit seinem historischen Scheunenviertel, dem direkten Seezugang und der Inselfestung Wilhelmstein gleich vis-à-vis. Eine der besten kulinarischen Adressen in Ufernähe von Steinhude ist das Restaurant Schweers-Harms-Fischerhus, das selbstbewusst als „Haus der berühmten Aale" firmiert und diese Fischspezialität seit Generationen im ursprünglichen Charme eines uralten niedersächsischen Bauernhauses aus dem Jahr 1751 zubereitet und seinen Gästen kredenzt.

Heute wird es in dritter Generation von Gerrit Schweer passioniert geführt. Ein Gastgeber mit Leib und Seele, traditionsverhaftet und der Moderne doch zugewandt. Ihm zur Seite Mutter Margarete, die schon seit über 60 Jahren tatkräftig mit anpackt. Wer dieses gastliche Haus mit seinen sechs anheimelnden Räumen betritt, wähnt sich auf einer Zeitreise durch die nordwestniedersächsische Regionalgeschichte – so urig und detailgetreu kommen die Goasträume daher. Da ist die „Deele" zu nennen, außerdem der „Pesel" mit seinen original Delfter Kacheln oder die „Dönze", die vormals die gute Stube des Fischerhauses war. Zahlreiche museale Ausstellungsstücke wie ein antiker, über 200-jähriger Schrank, aber auch historisches Handwerkszeug der Fischer geben den stimmungsvollen Rahmen für die feinen Fischgerichte aus der frischen, gut-bürgerlichen Jahreszeitenküche. „Wir sind das Original" fasst Gerrit Schweer all dies in einem knappen Satz zusammen. Ohne viel Firlefanz und Showeffekte auf dem Teller kommt auch die landschaftscharakteristische Küche aus. Den leckeren Steinhuder Aal gibt es hier in vielen Varianten, beispielsweise als Rauchaalfilet auf Vollkornbrot, als Aal grün in Dillrahmsauce mit Gurkensalat und Salzkartoffeln oder als Aal gebacken mit hausgemachtem Kartoffelsalat. Der Fischerhustopf ist ebenfalls ein nachgefragter Klassiker auf der regional betonten Speisenkarte.

SCHWEERS-HARMS-FISCHERHUS
Gerrit Schweer
Graf-Wilhelm-Straße 9–11
31515 Wunstorf / Steinhude
Tel. 0 50 33 / 52 28
www.schweers-harms-fischerhus.de

GENUSSINSEL ÜBER DEM MEER

Premium-Schokolade und andere Köstlichkeiten von Kapelle & Kapelle

Tanja und Achim Kapelle sind Genussmenschen von feinkultivierter Art. Die Zwillingsgeschwister leben und wirken für den erhabenen Geschmack. Alles, was in ihrem Landsitz Kapellenhöhe und seit kurzem im Kapellenhaus in einem wunderschön restaurierten Fachwerkgebäude aus dem Jahr 1892 in Steinhude an Gastlichkeit und Kulinarik kommuniziert wird, ist beseelt von dem Antrieb, einzigartige Momente des Genießens in stilvoller Ambiance zu kreieren. Mit herrlichem Panoramablick auf das Steinhuder Meer und in die so genannte „Schaumburger Toskana" im Süden residiert der romantische Landsitz. Seit 2005 führen beide das ehemalige Landgasthaus, haben es seitdem zu einem First-Class-Domizil mit elegant ausgestatteten Zimmern, Suiten und einem großzügigen Spa-Bereich namens „Kapellenbad" weiter entwickelt. Hier genießt der Gast von heute Erstklassiges, beispielsweise aus der kleinen, aber sehr feinen hauseigenen Schokoladenmanufaktur „Kapelle & Kapelle". Tanja und Achim Kapelle schreiben damit eine lange Tradition fort, denn die erste deutsche „Chocoladen-Manufaktur" wurde 1740 in Steinhude gegründet. Und weil beiden der Genius Loci ihrer geschichtsträchtigen gastlichen Adresse wichtig ist, heißen die von Hand hergestellten Pralinen, Schokoladen und süßen Petitessen etwa „König Ernst August Chocolade" oder „Königlich-Hannoversche Welfen-Chocolade". Von den fünf liebevoll eingerichteten Gaststuben, z. T. mit Kaminofen, heißt eines „Schaumburger Landschaft", ein anderes „Welfenkabinett". Zum „Königin Friederike-Menü" offeriert die Küche handwerklich perfekt zubereitete Köstlichkeiten aus der Region, und auch das stattliche À-la-Carte-Angebot achtet sorgsam auf vorzügliche Produktqualitäten aus der nahen Umgebung. Die Genusswelt der Kapelle-Zwillinge komplettiert das Kapellenhaus, eine sinnliche Oase des Verkostens. Zur Auswahl stehen handgemachte Feinkost, edle Weine und die über 60 verschiedenen Schokoladen aus der Manufaktur.

LANDSITZ KAPELLENHÖHE
Tanja und Achim C. Kapelle
Auf der Heide 32, 31556 Wölpinghausen
Tel. 0 50 37 / 3 00 03 99
www.kapellenhoehe.de

KAPELLENHAUS
WEIN, FEINKOST UND SCHOKOLADE
Tanja und Achim C. Kapelle
Großenheidornerstr. 15, 31515 Steinhude
Tel. 0 50 37 / 3 00 03 99

DER SCHAUMBURGER WALD

SCHAUMBURGER LAND

Zu Besuch bei Wilhelm Busch und den Schaumburger Fürsten

Den wohl schönsten Blick auf die Weiten des Schaumburger Landes erhascht, wer den mächtigen Bergfried der Hauptburg der Schaumburg auf dem Nesselberg erklimmt. Die Stammburg der Schaumburger im heutigen historisierenden Gewand wurde 1907 von Kaiser Wilhelm II. dem Fürsten Georg zu Schaumburg-Lippe und seiner Gemahlin zur Silberhochzeit geschenkt. Deren Ursprünge liegen viel weiter zurück. Im Jahr 1110 wurde das Gebiet Schaumburg erstmals erwähnt, und die Burg mit ihrem zweigeschossigen Palas wurde Namensgeberin einer ganzen Region. Das Schaumburger Land in Niedersachsen ist landschaftlich voller Anmut und eine Kulturlandschaft ersten Ranges. Zwischen Steinhuder Meer, Schaumburger Wald, Westfalen, Deister und Weserbergland gelegen, präsentiert sich die reizvolle Region im permanenten Dialog mit ihrer langen, stolzen Historie und ist doch der Moderne zugewandt und steht ihr aufgeschlossen gegenüber. Der Tourismus ist ein wesentlicher Wirtschaftsfaktor im Ursprungsland der Schaumburger Grafen und späteren Fürsten. Seen, Wälder, sanft ansteigende Hügel und dazwischen immer wieder wunderschöne bauliche Relikte und herrliche Gartenkultur aus längst vergangenen Zeiten. Aus diesem Mix generiert das Schaumburger Land, das wegen des Farbspiels seiner historischen Tracht vormals als das „Land der roten Röcke" bezeichnet wurde, seine ungebrochene Beliebtheit bei Einheimischen und Besuchern. Die alten Schlösser, Herrensitze und Ritterburgen sind ganz wesentlich für die kulturelle Identität. Sie prägen das Landschaftsbild und sind willkommene steinerne Anknüpfpunkte, der Geschichte des Landes auf die Spur zu kommen.

Beispielsweise Schloss Bückeburg, das seit über 700 Jahren im Besitz des Hauses Schaumburg-Lippe ist und als prachtvolles Renaissanceschloss inmitten des Bückeburger Stadtzentrums, umgeben von einem herrlichen Landschaftspark, residiert. Alexander Prinz zu Schaumburg-Lippe ist Hausherr des Schlosses und ein weitsichtiger Unternehmer. Er hat

sein Schloss der Öffentlichkeit zugänglich gemacht. Und so erfreuen sich die Besucher heute an Konzerten und Ausstellungen, an feinen Landpartien und an der Möglichkeit, sich im historischen Musiksalon auch standesamtlich trauen lassen zu können. Von solitärem Status in deutschen Landen ist die „Fürstliche Hofreitschule" in den über 400 Jahre alten Marställen und im Reithaus der Schlossanlage. Hier wird seit 2004 wieder die „Hohe Schule" der barocken Reitkunst kultiviert. Sie genießt weltweite Reputation und hat Bückeburg und das Schaumburger Land maßgeblich mit auf die international beachtete Landschaftskarte katapultiert. Wer die Residenz des Fürstenhauses zu Schaumburg Lippe besucht, der kann hier in der „Alten Schlossküche" auch stilvoll tafeln oder aus dem Verkaufsladen des Hauses Köstlichkeiten wie frisches Wild aus dem fürstlichen Forstamt erwerben. So gestärkt, sollte ein Abstecher in das Mausoleum der Fürstenfamilie im westlichen Schlosspark nicht fehlen, birgt es doch unter der imposanten Kuppel eines der größten Goldmosaike Europas.

Das Schaumburger Land ist die Heimat und Wirkungsstätte von Wilhelm Busch. Der große Dichter, Humorist, Zeichner und Maler wurde hier 1832 geboren. Nur verständlich also, dass die Region stolz auf allen Schildern verkündet: „Zu Besuch bei Wilhelm Busch". Ihm am nächsten kommt man ganz sicher im beschaulichen Örtchen Wiedensahl, dem Geburtsort des Schöpfers von Max und Moritz. Hier stehen sein Geburtshaus und das Elternhaus gleich nebenan. Während sich seine Ururgroßnichte im Geschäftshaus der Eltern von Wilhelm Busch mit süßen Köstlichkeiten im Café Busch-Keller verdient macht, ist das Wilhelm-Busch-Museum der Hauptanziehungspunkt, um mehr über Leben und Wirken der Künstlerpersönlichkeit zu erfahren. 40 Jahre hat Wilhelm Busch hier gelebt und viele Spuren hinterlassen. Kein Wunder also, dass es in Wiedensahl einen echten „Busch-Tourismus" gibt. Und der wird im Jahr 2015 noch einmal an Dynamik gewinnen, denn dann feiert man hier den 150. Geburtstag von „Max und Moritz", der Bubengeschichte in sieben Streichen, die im April 1865 erstveröffentlicht wurde. Dass nicht wenige Verkaufswagen von Bratgeflügel mit Motiven und Namenszügen von „Max und Moritz" und „Witwe Bolte" übers weite Land rollen, das ist die Kehrseite der Popularität. Da tut es gut, dass sich vereinzelt auch die gehobene Kulinarik dem Thema Busch annimmt. Das ist das Verdienst von Ernst-August Gehrke im „Schmiedegasthaus Gehrke" in Riepen bei Bad Nenndorf. Seit über 20 Jahren ist er, kontinuierlich ausgezeichnet mit dem begehrten Michelin-Stern, der höchstdekorierte Koch im Schaumburger Land. Jeden Winter beweist er acht Wochen lang mit dem Menü „Witwe Boltes Traum", dass dem omnipräsenten Thema Wilhelm Busch kulinarisch auch anspruchsvoll und kreativ beizukommen ist. Zum Stichwort lukullische Genüsse sei angemerkt, dass die Gourmetfreuden im Schaumburger Land per se einen hohen Stellenwert genießen. Die Tafeln sind reich gedeckt und die Dichte an Haubenköchen ist beachtlich. Ein Besuch des Schaumburger Landes potenziert sich in der Summe der Einzelteile somit zum stimmungsvollen Gesamtgenusswerk.

VERWUNSCHENER BACHLAUF IN DER WILHELM-BUSCH-HEIMAT

BEI WILHELM BUSCH DAHEIM

Uriges Backsteingewölbe und leckere Kuchenvielfalt

Zu Besuch bei Wilhelm Busch, dem großen Humoristen aus dem 1000-Seelen-Dorf Wiedensahl bei Stadthagen. Der Maler, Dichter und Denker – berühmt geworden als Vater der Lausbuben Max und Moritz, die im Jahr 2015 ihren 150. Geburtstag feiern – wurde hier als Kaufmannssohn geboren. Insgesamt 40 Jahre lebte er in seinem Heimatort, malte und schrieb hier die meisten seiner Werke, die ihn bereits zu Lebzeiten berühmt machten. In seinem Geburtshaus ist das Wilhelm-Busch-Museum beheimatet, und gleich nebenan steht das im Jahr 1846 erbaute neue Wohn- und Geschäftshaus der Familie Busch, die hier ein Kolonialwarengeschäft führte. Heute ist im original erhaltenen Lagerkeller das Café Busch-Keller angesiedelt, einer der schönsten und zugleich urigsten gastronomischen Betriebe im Schaumburger Land. Im Sommer lockt dazu der idyllische Kaffeegarten. Das weit über die Grenzen der Region hinaus bekannte Café wird seit 1987 von Nachfahren der Buschs mit viel Herzblut geführt. Erst 2011 hat Friederike Wilkening, Ururgroßnichte des Künstlers, die Leitung des Betriebs von ihrer Mutter Renate übernommen. Neben dem sonntäglichen Kuchenbüfett werden nun auch regelmäßig Frühstücksbüfetts mit saisonalen und regionalen Schwerpunkten angeboten. Immer beliebter wird auch das breite Angebot an Obstkuchen der Saison: Der Fundus an Rezepten geht in der Familie inzwischen fünf Generationen zurück bis zu Johanne, der Schwägerin von Wilhelm Busch. Zu besonderen Anlässen wird nach deren Rezepten nicht nur gebacken, sondern auch Desserts, Salate und andere kleine Gerichte werden zubereitet.

Und nicht nur in der Weihnachtszeit liegen von ihr verschiedene Sorten Kleingebäck vom mürben „Caffee-Krengel" bis zum Honigkuchen in Max-und-Moritz-Gestalt als Mitbringsel bereit. Daneben laden etwa 70 in Manufaktur hergestellte Likörspezialitäten zum Probieren ein. Mit der einmaligen Verbindung aus Kulinarik, Literatur- und Familiengeschichte hat der Busch-Keller bereits Eingang in zahlreiche Rundfunk- und Fernsehbeiträge gefunden. Für viele Besucher eine Zeitreise in die Kindheit – und noch weiter, denn Friederike Wilkening hat viele Geschichten über ihren Ururgroßonkel Wilhelm Busch und seine Familie parat.

JOHANNE BUSCHS SCHWARZBROT-
PUDDING MIT FRISCHEN ERDBEEREN
Dieses Rezept finden Sie auf der Seite 139

CAFÉ BUSCH-KELLER
Friederike Wilkening
Hauptstraße 68, 31719 Wiedensahl
Tel. 0 57 26 / 4 88
www.cafe-busch-keller.de

DER BILDERBUCHHOFLADEN

Bei Familie Brunkhorst gibt es erstklassige regionale Qualität

Die Qualität der Nähe, das unverfälschte Produkt, die nachvollziehbare Produktion, regionale Erzeugnisse und das gute Gewissen, beim Einkauf von Lebensmitteln, die dem ursprünglichen Wortlaut noch gerecht werden, auf Verlässlichkeit und artgerechte Tierhaltung zu treffen, das sind in Zeiten von immer neuen Skandalmeldungen Schlüsselbegriffe für nachhaltiges Wirtschaften im Einklang mit der Natur. Glückliche Hühner in Freilandhaltung, Gänse, die noch auf Grünlandweiden herumlaufen und schnattern dürfen, das kommt heute fast einem Idyll gleich. Und doch gibt es sie in erfreulicher Zahl, diese ehrenwerten Landwirte und Agrarökonomen, die auf der eigenen Scholle, nach alter Tradition und mit Respekt gegenüber der Kreatur und den natürlichen Ressourcen erstklassige Erzeugnisse produzieren und in direkter Vermarktung regional verkaufen.

Wer beispielsweise den großzügigen Hofladen Eichhöfe des Geflügelhofs Brunkhorst im Schaumburger Land betritt, der wird sich an guten Verkaufstagen schon einmal in eine veritable Schlange einreihen müssen, denn die Nachfrage ist hoch, und die Qualität der Produkte hat sich weit über den lokalen Fokus des Dörfchens Lindhorst herumgesprochen. Die Kunden von Else und Heinz-Wilhelm Brunkhorst und ihren Söhnen Alexander und Christian warten gerne, denn all die Leckereien und handgemachten Produkte tragen das Gütesiegel der überprüfbaren Herkunft und Produktionsweise. Familie Brunkhorst, die komplett erst wird durch die Nennung auch der beiden Töchter Marlen und Anja, darf mit einigem Recht als Pionier in der Direktvermarktung in der Region zwischen Stadthagen und Bad Nenndorf bezeichnet werden, denn schon Anfang der 1960er-Jahre wurde dieser Weg beschritten. Mit anhaltendem Erfolg. Jeder Einkauf wird zu einem emotionalen Erlebnis, denn der Besuch des „gläsernen Bauernhofs" aus dem Gründungsjahr 1908 ist immer auch ein Tipp für die ganze Familie. Ein Gefühl von heiler Welt stellt sich ein, wenn man durch die schöne hölzerne Hofeingangstür schreitet und guten Gewissens die frischen Produkte in Augenschein nimmt. Sehen und Erleben, das ist intendiert, wenn Familie Brunkhorst die Besucher auch zu Einblicken hinter die Kulissen des bestens aufgestellten Hofladens einlädt.

Den Großteil der Produktion macht die ausgezeichnete Geflügelhaltung aus. Hühner, Enten, Gänse und seit Herbst 2013 auch wieder Puten werden bei Familie Brunkhorst in Freiland- und Bodenhaltung behutsam aufgezogen und erst unmittelbar vor dem Verkauf geschlachtet. Das Ergebnis dieses artgerechten Umgangs ist eine Fleischqualität, die von exzellenter Güte ist und derentwegen Kunden auch von weit her anreisen, um sich mit dem köstlichen Weihnachtsbraten zu versorgen. Die Wurstspezialitäten, die Else und Alexander Brunkhorst im Hofladen verkaufen, stammen von glücklichen Schweinen vom eigenen Betrieb, die Eier werden von rund 3 500 eigenen Hennen gelegt. Von verlässlichen Genusspartnern zugeliefert werden Kartoffeln, Käse (u.a. von der Rohmilchkäserei Backensholz) und vornehmlich regionales Gemüse. Der Spargel kommt frisch gestochen aus dem nicht fernen Nienburger Land, Äpfel und Erdbeeren in tadelloser Frische vom einem Obsthof aus dem Schaumburger Land. Das Sortiment im Hofladen Eichhöfe umfasst neben den saisonalen Spezialitäten zudem Weine von befreundeten Winzern aus der Pfalz, von der Mosel, aus Rheinhessen und von der Nahe. Die Frische vom Hof erlebbar zu machen, diesem Credo fühlt man sich in aller Konsequenz verpflichtet. Und deshalb ist der Verkaufswagen vom Geflügelhof Brunkhorst auch regelmäßig auf den Wochenmärkten in Steinhude und im Umland anzutreffen. Dann unternimmt Seniorchefin Else Brunkhorst ihre „Klingeltour" übers Land. Mehrmals im Jahr duftet es auf dem 44 Hektar großen landwirtschaftlichen Betrieb herrlich nach frisch gebackenem Brot, denn dann ist Backtag auf dem Hof. Der Lindhorster Trachtenverein hat ein altes Backhaus restaurieren und auf dem Grund und Boden von Familie Brunkhorst original getreu wieder aufbauen lassen. Beliebt ist auch der Außerhausverkauf, den Alexander Brunkhorst mit steigender Nachfrage anbietet. Dann gibt es die von einem befreundeten Hauschlachter für den Hofladen hergestellten Spezialitäten wie Rotwurst, Sülze, Bregen- und Knappwurst als so genanntes Mollenfrühstück. Eine herzhaft-leckere Köstlichkeit aus dem Schaumburger Land.

EICHHÖFER GÄNSEBRATEN MIT ROTKOHL
Dieses Rezept finden Sie auf der Seite 140

HOFLADEN BRUNKHORST
Familie Brunkhorst
Eichhöfe 1, 31698 Lindhorst
Tel. 0 57 25 / 3 52

KULINARISCHER „HOLE IN ONE"

Marlen Rahns junge Küche im Panorama Restaurant am Golfplatz Am Harrl

**FRISCHE SPAGHETTINI
IN TOMATEN-SAHNESAUCE**
Dieses Rezept finden Sie auf der Seite 141

Wer im schönen Landkreis Schaumburg sportlich aktiv sein möchte, der findet dazu reichlich Gelegenheit. Für alle Golfsportler empfiehlt sich der Golfplatz am Harrl, jenem namensgebenden bewaldeten Höhenzug im Bereich des Bückebergs. Unweit von Bad Eilsen hat vor einigen Jahren im architektonisch beeindruckenden Clubhaus des „Golfclubs am Harrl" das „Panorama Restaurant" seine Türen für Genießer geöffnet. Zu Marlen Rahn, der Pächterin des lichten, großzügigen Restaurants, kommen beileibe nicht nur Clubmitglieder, sondern längst auch eine stattliche Fangemeinde anspruchsvoller und frischer Jahreszeitenküche. Die sympathische Gastgeberin und Chefköchin versteht ihr kulinarisches Handwerk aus dem Effeff. Nach Stationen im Merlin und im Kokenhof in Burgwedel, kocht sie seit 2009 im eigenen Restaurant gemeinsam mit ihrem Kochkollegen Christian Schaer ambitioniert auf.

Marlen Rahn ist eine Gastronomin wie aus dem Bilderbuch, stets gut gelaunt, beseelt vom Gedanken, den Gast nach allen Regeln der Kochkunst zu verwöhnen und nimmermüde im Bemühen, regionale Produkte in bester Qualität zu verarbeiten. Da trifft es sich gut, dass der elterliche Hofladen Brunkhorst im nahen Lindhorst Viktualien in eben dieser Produktqualität offeriert. Somit kann die Köchin aus Leidenschaft aus dem Vollen schöpfen, wenn sie Schweinefilet auf Kartoffel-Zucchini Gemüse mit Estragonsauce zubereitet. Sämtliches Geflügel wie Enten und Gänse, aber auch die Eier kommen vom elterlichen Hof. Gerne unternimmt die Küche im Restaurant Panorama Ausflüge ins Mediterrane. Dann lässt Marlen Rahn beispielsweise Doradenfilet auf Schmelztomaten, Spaghettini mit gebratenen Garnelen oder von der Bistro-Karte frische Ravioli gefüllt mit Artischocken, Oliven, Kapern und Ricotta auftragen. Ein Tipp zu guter Letzt: Unter der Woche hat sich der Mittagstisch wegen seines vorbildlichen Preis-Leistungsverhältnisses als echter „Hole in One" etabliert. Und nachmittags gibt es hausgemachten Kuchen vom Blech.

PANORAMA-RESTAURANT AM HARRL
Marlen Rahn
*Am Bruch 16, 31711 Luhden
Tel. 0 57 22 / 9 54 84 67
www.panorama-am-harrl.de*

KULTIVIERTE GASTLICHKEIT

Romantische Kulisse für Traumhochzeiten, Festivals und Top-Events

Die Geschichte des Ritterguts Remeringhausen, zwischen Stadthagen und Bad Nenndorf im schönen Schaumburger Land gelegen, ist lang. Sie reicht möglicherweise zurück bis in die Römerzeit, als es den römischen Truppen als Spähposten hinter den feindlichen Linien im tiefsten Germanien diente. Doch dafür fehlen die Nachweise. Reden wir also über die jüngere, dokumentierte Geschichte. Und die nimmt ihren für Remeringhausen wichtigen baugeschichtlichen Anfang im ausgehenden 16. Jahrhundert, als Ludolf von Münchhausen, Sohn des Erbherren Börries von Münchhausen, mit dem Bau des heute noch vorhandenen Schlösschens im Stil der Weserrenaissance begann und das Gut in den Rang eines abgabenfreien adeligen Sitzes erhoben wurde. Zeitensprung. 1952 trat der aus seiner Heimat Sachsen vertriebene Widerstandskämpfer im Dritten Reich, Eberhard von Breitenbuch, sein Erbe vom kinderlos gebliebenen Onkel Hans Georg von Münchhausen an. Heute leben mit Hildebrand von Breitenbuch und Ehefrau Monika sowie Tochter Tania von Schöning mit Ehemann Nicolaus von Schöning und deren vier Kindern Charlotte, Ludolf, Cosima und Helene drei Generationen unter dem weitläufigen Dach des denkmalgeschützten Rittergutes. Die nunmehr 19. bis 21. Generation.

War das Gut vormals stets verpachtet, so werden Land- und Forstwirtschaft auf einer Fläche von 150 Hektar heute von Nicolaus und Tania von Schöning konventionell in Eigenregie betrieben. Das engagierte Unternehmerpaar hat es sich zur Lebensaufgabe gemacht, das in den 1970er-Jahren stark baufällig gewordene Rittergut für die folgenden Generationen zu erhalten, sich „als Sachwalter zwischen der einen und der nächsten Generation" zu verstehen, wie es Gutsherr Nicolaus von Schöning formuliert. Die ganze Großfamilie packte tatkräftig an, sanierte und restaurierte, bis vieles wieder dem Idealbild aus alten Tagen entsprach. So wurde der Remeringhäuser Park nach Plänen des Hofgärtners Homburg aus dem Jahr 1804 wieder hergestellt. Heute ist der englische Landschaftsgarten erneut einer dieser herrlichen Blickfänge auf dem großzügigen Gutsareal. Die einstigen Stallungen, weitere Nebengebäude und der große Festsaal im Herrenhaus wurden aufwändig renoviert und ihrer neuen Bestimmung übergeben.

Heute zählt das Rittergut zu den stimmungsvollsten Veranstaltungsorten in der Region. Sowohl der Festsaal (nur für standesamtliche Trauungen) als auch weitere wunderschön gestaltete Räume im Gut können für Hochzeiten, Bankette, Seminare und Incentives angemietet werden. Tania und Nicolaus von Schöning haben auf ihrem Landgut zudem kulturell motivierte Premiumveranstaltungen etabliert, die vom Start weg große Resonanz erfuhren und jährlich Tausende von Besuchern anlocken und damit aus dem Veranstaltungskalender im Schaumburger Land nicht mehr wegzudenken sind. Da sind zum einen die „Pflanzentage" im April, ein Rendezvous von Pflanzenexperten aus nah und fern, zum anderen das seit 2001 stattfindende Parkfestival „Romantic Garden" mit seinem attraktivem kulturellen Rahmenprogramm rund um das Genusserlebnis Pflanzen, Natur und Lebensart, und zu guter Letzt das „British Weekend". Alljährlich zelebriert man dann die feine britische Lebensart auf dem Rittergut, mit Schleppjagd, Konzerten, Produkten und kulinarischen Angeboten von der Insel. Exklusive Geschäftspartner wie beispielsweise der hoch dekorierte Spitzenkoch Götz Knauer aus dem nahen „Torschreiberhaus" in Stadthagen zählen zum erweiterten Kompetenzteam der Familie von Schöning. Die Vielfalt aller Angebote, vom kleinen, aber feinen Kaminabend mit Whisky-Tasting bis hin zu den Top-Events, wird individuell auf die jeweilige Bedarfssituation der Kunden abgestimmt. Die gelebte Philosophie „Zu Gast sein bei Freunden in familiärer Atmosphäre" bildet dabei die gelungene Symbiose für stilvolle gastliche Stunden in der Geborgenheit und Idylle des Gutes Remeringhausen.

GUT REMERINGHAUSEN GMBH & CO. KG
Tania und Nicolaus von Schöning
Rittergut Remeringhausen
31655 Stadthagen
Tel. 0 57 25 / 70 11 88
www.gut-remeringhausen.de

REZEPTE

FRISCHKÄSETORTE
Hofcafé Domäne Marienburg, Seite 106

ZUTATEN

200 g Cornflakes, 100 g Vollmilchkuvertüre, 450 g Frischkäse, 50 g Quark, 100 g Puderzucker, 1 Vanillestange, Abrieb von 1 Zitrone, 350 g geschlagene Sahne, 4 Blatt Gelatine

ZUBEREITUNG

Die Kuvertüre im Wasserbad lösen und dann mit den Cornflakes vermengen, so dass eine braune krümelige Masse entsteht. (Je vorsichtiger man die Kuvertüre unterhebt, desto lockerer bleibt der Boden.) Die Schokoflakes in einer Ringform ausbreiten und erkalten lassen. Frischkäse, Quark, Puderzucker, Mark der Vanillestange und Abrieb der Zitrone glatt rühren. (Je nach Produktwahl des Frischkäses etwas geschlagene Sahne hinzutun, um eine geschmeidige Masse zu erhalten.)
Dann die eingeweichte und flüssige Gelatine unterziehen und die geschlagene Sahne unterheben. Eine dünne Schicht der Crème auf den Schokoflakeboden ausstreichen. Je nach Jahreszeit Obst aus dem Garten verwenden. (Ein Potpourri aus Beeren ist immer schmackhaft und dekorativ.) Mit frischer Minze oder Melisse ausgarnieren und dünne Schokostücke darüberhobeln. Die Torte braucht circa 3 Stunden im Kühlschrank, um durchzukühlen und Schnittfestigkeit zu erreichen.
Als Richtlinie gilt immer: „Ein Rezept ist eine Hilfe, den Geschmack gibt der Konditor!"

AAL GRÜN
Schweers-Harms-Fischerhus, Seite 116

ZUTATEN

1 kg abgezogener Aal, 150 g Butter, 125 g Mehl, 250 ml Sahne, 200 ml Weißwein, 1 Karotte, 1 Zwiebel, etwas Sellerie, 1 Zitrone, 3 Bund Dill, 2 Lorbeerblätter, 3-4 Gewürznelken, 3 EL Kräuteressig, etwas Worcestersauce, 1 Prise Zucker, Salz, Pfeffer

ZUBEREITUNG

Aal waschen und in 8 Zenntimeter große Stücke schneiden. Dill hacken und Karotte klein schneiden. Einen Topf mit etwa 2,5 Liter Wasser aufsetzen, 1 1/2 Teelöffel Salz hinzugeben, ebenso die geschälte Zwiebel, die Karotte, Lorbeerblätter, Gewürznelken, Sellerie und Kräuteressig. Das Ganze zum Kochen bringen. Die Aalstücke dazugeben und etwa 12 Minuten köcheln lassen. Von der Butter und dem Mehl eine Mehlschwitze herstellen. Aalstücke aus den Fischsud nehmen und warm stellen. Den Fischsud passieren.
Von dem passierten Fischsud etwa 650 Milliliter der Mehlschwitze hinzufügen und mit einem Schneebesen glatt rühren. Sahne und Weißwein dazugeben. Circa 3 bis 4 Minuten köcheln lassen. Mit etwas Zitronensaft, ein wenig Zucker und Worcester Sauce abschmecken. Dill und Aalstücke hinzugeben. Alles zusammen noch mal kurz heiß werden lassen.
Dazu reicht man Gurkensalat und Salzkartoffeln.

JOHANNE BUSCHS SCHWARZBROTPUDDING MIT FRISCHEN ERDBEEREN
Café Busch-Keller, Seite 126

ZUTATEN

SCHWARZBROTPUDDING

*120 g altbackenes Roggenschrotbrot, gerieben, 4 Eier,
getrennt, 60 g Butter, 60 g Zucker, Ceylonzimt, 1 Zitrone*

ERDBEERBEILAGE

*500 g reife Erdbeeren, Zucker, Agavendicksaft
(wahlweise Zucker)*

ZUBEREITUNG

Der Pudding muss im Wasserbad stocken, daher braucht
man verschließbare, kochfeste Puddingformen, bei dieser
Menge für etwa 600 bis 700 Milliliter Volumen. Für mehrere kleine Formen ist die Garzeit kürzer als für eine
große. Um den Pudding später gut stürzen zu können, die
Form(en) einfetten. Das Wasser rechtzeitig erhitzen und
Topf und Wassermenge so bemessen, dass alle Formen
ohne Bodenberührung, z.B. in einem Dämpfeinsatz, eben
stehen, ohne ins Schwimmen oder Kippen zu kommen.

Für die Puddingmasse die zimmerwarme Butter und den
Zucker schaumig rühren, mit abgeriebener Zitronenschale
und Zimt leicht würzen. Das Eiklar zu Schnee schlagen.

Brot und Eidotter nach und nach unter die Buttermasse rühren, zuletzt den Eischnee unterheben. Die Masse in die
Form(en) verteilen und etwas glätten, diese verschließen und
ins köchelnde Wasserbad setzen. Bei geschlossenem Deckel
je nach Größe der Form(en) zwischen 40 und 60 Minuten
stocken lassen. Beim Stocken geht die Masse etwas auf und ist
dann besonders locker. Nach Abschluss des Stockprozesses
fällt die Masse wieder etwas ein, wodurch sie sich besser
stürzen lässt. Wärmezufuhr stoppen und Pudding bis zum
Servieren im Wasser warm halten. Für die Fruchtbeilage die
Erdbeeren waschen und putzen, für den Fruchtspiegel einen
Teil mit wenig Zucker nach Geschmack pürieren und durch
ein grobes Sieb passieren. Die übrigen Erdbeeren vierteln und
mit etwas Agavendicksaft benetzen oder leicht zuckern.
Zum Anrichten zuerst den Pudding platzieren, damit er nicht
rutschen kann. Dann den Fruchtspiegel angießen und die
Früchte dazu reichen oder dekorativ verteilen.

Die Geschichte zum Pudding gibt's bei Wilhelm Busch, „Fipps
der Affe", viertes Kapitel!

REZEPTE

EICHHÖFER GÄNSEBRATEN MIT ROTKOHL
Hofladen Brunkhorst, Seite 128

ZUTATEN
1 junge Gans, 3 Äpfel, 2 Zwiebeln, 2 Tomaten,
100 ml Sahne, Thymian, einige Zweige Rosmarin,
Salz, Pfeffer

ROTKOHL
1 kg Rotkohl, 40–60 g Schmalz, 6 Äpfel, 1 große Zwiebel,
3–4 Nelken, 125 ml Apfelsaft, etwas Essig, 1 EL Preisel-
beeren, evtl. 1 gestr. Teelöffel Mondamin, Salz, Zucker

ZUBEREITUNG
Die Gans abwaschen, trocken tupfen, salzen und pfeffern,
mit gerebeltem Rosmarin und Thymian einreiben. Die
Gans auf den Rost legen, Äpfel, Zwiebeln, Tomaten und
250 Milliliter Wasser in die Bratpfanne vom Backofen
geben und unter den Rost schieben. Die Gans bei 180 °C
Umluft 3 Stunden braten.

Die Gans warm stellen.
Den Bratenfond in einen Topf geben. Den Bratensatz mit
etwas Wasser aus der Pfanne lösen und ebenfalls in den Topf
gießen. Das Fett abschöpfen, Fond binden und die Sauce mit
etwas Sahne, Salz und Pfeffer abschmecken.

Rotkohl im Schnitzelwerk der Küchenmaschine zerkleinern.
Das Fett erhitzen, den Kohl, die geschälten und in Achtel
geschnittenen Äpfel und die geschälte, mit Nelken gespickte
Zwiebel, hinein geben. Salz, Zucker und 125 Milliliter heißes
Wasser hinzufügen. Den Kohl bei milder Hitze garen, mit Salz,
Zucker, Essig, Apfelsaft und Preiselbeeren abschmecken. Nach
Belieben mit Mondamin binden.

FRISCHE SPAGHETTINI IN TOMATEN-SAHNESAUCE

Panorama-Restaurant Am Harrl, Seite 132

ZUTATEN FÜR 4 PERSONEN

SPAGHETTINI

150 g Weizenmehl, 150 g Hartweizengrieß, 3 Eier,
1 EL Öl, 1/2 Teelöffel Salz

TOMATENSAUCE

300 ml passierte Tomaten, 5 Tomaten, 1 Knoblauchzehe,
1 Zwiebel, 150 ml Sahne, 50 g Butter, 1 EL Öl,
2 EL Zucker, 1 TL Salz, Pfeffer

GARNELEN

16 Garnelen, 4 Knoblauchzehen, 2 EL Öl,
8 Cherrytomaten, 1 Zweig Thymian, Salz, Pfeffer

ZUBEREITUNG

Für die Spaghettini das Mehl und den Grieß mit dem Salz zu einem Haufen formen und in die Mitte eine Kuhle drücken. Die Eier und das Öl in die Kuhle geben. Mit dem Handballen zu einer glatten Masse kneten. 30 Minuten ruhen lassen. Den Teig von der Mitte aus auf einem bemehlten Backbrett auswellen. Beim Ausrollen mit der Nudelmaschine die Walzenstärke von Mal zu Mal verringern. Wenn sie dünn genug sind mit dem Spaghettiaufsatz ein letztes Mal durch die Nudelmaschine dehen. Die fertigen Spaghettini im kochendem Wasser 3 Minuten kochen.

Für die Tomatensauce das Öl, die Butter und den Zucker in einem Topf leicht karamellisieren lassen kurz danach die gewürfelten Zwiebeln und die Knoblauchzehe dazugeben und mit anschwitzen. Danach die gewürfelten Tomaten dazugeben und mit den passierten Tomaten und der Sahne ablöschen. Salz und Pfeffer dazugeben und pürieren, nach Belieben nachwürzen.

Das Öl in eine heiße Pfanne geben und die Garnelen anbraten, die restlichen Zutaten dazugeben und mit durchschwenken.

Die Spaghettini in die Tomatensauce geben und zu einer Rolle aufdrehen. Die Garnelen an die Spaghettini legen und mit den Cherrytomaten und Kresse ausdekorieren.

DER IMPOSANTE BURGPLATZ: WELFISCHES MACHTZENTRUM VON HEINRICH DEM LÖWEN

DER BRONZENE BURGLÖWE AUS DEM JAHR 1166

BRAUNSCHWEIG

Stolz, Modern, Lebenswert

Rendezvous mit der Löwenstadt. Braunschweig, „Stadt der Wissenschaft", Stadt der Künste, Stadt des Handels. Ihre Geschichte ist lang und stolz. Die Welfen residierten hier über Jahrhunderte. Große Namen sind bis heute feststellbar. Und große Söhne, von den weniger Bekannten wie etwa Konrad Koch, dem Lehrer, der 1874 das Fußballspiel in Deutschland und die deutschen Fußballregeln erfand, bis hin zu Wilhelm Raabe, dem großen Schriftsteller des poetischen Realismus, der 1910 in Braunschweig verstarb und Ehrenbürger der Stadt ist. Der bekannteste Sohn und „verantwortlich" für den Namenszusatz „Löwenstadt" ist Heinrich der Löwe, dem Braunschweig den Ausbau zur Residenz (ab 1144) und damit die Stellung als politischer und kultureller Mittelpunkt des Herzogtums zu verdanken hat. Ihm und seinen Nachfolgern begegnet man auf Schritt und Tritt in dieser zugleich traditionsbewussten und modernen Großstadt im Südosten Niedersachsens. Wer sich als Besucher oder Einwohner auf das lebendig-dynamische Braunschweig einlässt, der wird belohnt mit einer Vielfalt der Angebote: touristisch, kulturell und auch kulinarisch hat das erstmals in der Weiheurkunde der Kirche St. Magni im Jahr 1031 als „Brunesguik" erwähnte Braunschweig viel Sehens-, Erlebens- und Genießenswertes zu bieten. Unser kleiner Rundgang durch Geschichte und Gegenwart kann nur ansatzweise andeuten, was den Charme und das besondere Profil der Universitätsstadt auszeichnet. Einem Parforceritt gleich, seien exemplarisch ausgewählte Eckdpfeiler der Geschichte genannt, die unmittelbar mit den kulturhistorischen Sehenswürdigkeiten im Stadtbild korrespondieren und die Lust wecken sollen, Braunschweig auf ganz eigenen Wegen zu entdecken.

Im Jahr 1031 schlägt also mit der Magni-Urkunde die Stunde der offiziellen Ersterwähnung der Stadt, auch wenn in der Folgezeit ganze Bücher und Abhandlungen darüber geschrieben worden sind, dass die Stadtgründung sogar bis auf das Jahr 861 zurückdatiert gehört. Denn der Sage nach sollen die herzöglichen Brüder Bruno und Dankwart östlich der Oker das spätere Stift St. Blasii und die Burg Dankwarderode errichtet haben. Für die urkundlich bestätigte Realisierung freilich wird Heinrich der Löwe aus dem Geschlecht der Welfen, Herzog von Sachsen und Bayern, als Bauherr nachweislich genannt. Den Neubau von Burg Dankwarderode zwischen 1160 und 1175 gibt er in Auftrag. Hier, wo im 9. Jahrhundert einst die Burg der Brunonen stand, entsteht unter dem machtpolitisch ambitionierten Welfenspross ein Palas mit Doppelkapelle, außerdem die Stiftskirche St. Blasii, der heutige Dom, in dem Heinrich der Löwe gemeinsam mit seiner Ehefrau Mathilde und seinem Sohn Otto IV., der es als einziger Welfe auf den deutschen Kaiserthron geschafft hat, begraben sind. Den Mittelpunkt des prachtvollen Burgplatzes bildet der naturgetreu nachgebildete Burglöwe, die von Heinrich dem Löwen als sichtbares Wahrzeichen seiner Macht und seiner Gerichtsbarkeit errichtete romanische Plastik, die zugleich die erste monumentale Freifigur nördlich der Alpen war. Das Original ist in der Burg Dankwarderode zu bestaunen. Die Grablege, das aus Holz geschnitzte Kruzifix des Meisters Imervard aus der zweiten Hälfte des 12. Jahrhunderts sowie der kostbare Marienaltar (1188) sind weitere bedeutende Kunstwerke der dreischiffigen Basilika, die heute im Rang einer Bischofskirche steht und zu den Top-Ten der meistbesuchten evangelischen Kirchen in Deutschland gehört. Der Burgplatz mit seinem noch heute mittelalterlichen Grundriss und den beeindruckenden Fachwerkbauten ist ein einzigartiges kulturhistorisches Ensemble und der Höhepunkt einer jeden Braunschweig-Visite.

Zum touristischen Pflichtprogramm zählen freilich auch die historischen Marktplätze wie der Kohlmarkt, der Hagen-, Aegidien- und der Altstadtmarkt mit dem Altstadtrathaus und dem von einem Renaissancegiebel gekrönten Gewandhaus. Seit 700 Jahren wird hier gehandelt, als Hauptmarkt und Messeplatz zählte der Platz vor allem in der Zeit als Braunschweig wichtiges und impulsgebendes Mitglied des Hansebundes war, zur wirtschaftlichen Mitte der unabhängigen Stadt. Der Reichtum aus der Blütezeit des Handels ist sichtbar bis heute. Kunstvolle Portale und wertvolle Balkenschnitzereien künden vom Wohlstand der Tuchmacher, Bierbrauer und Kaufleute. In wenigen Schritten ist man im historischen Magni-Viertel. Rund um die wiederaufgebaute Magnikirche hat sich eine quirlige und bunte Kneipen- und Restaurantszene entwickelt. Bunt ist auch das „Happy RIZZI House" des

New Yorker Künstlers James Rizzi mit seinen farbenfrohen Häusertürmen. Ein echter Hingucker ist seit dem Wiederaufbau im Jahr 2007 auch das Braunschweiger Residenzschloss der Welfen. Das wurde nach den starken Zerstörungen in den Bombennächten des Zweiten Weltkrieges 1960 abgetragen und anhand alter Pläne in ursprünglicher Größe am historischen Platz, dem Schlossplatz, mit mehr als 600 Originalteilen, die zuvor in halb Braunschweig verteilt waren, 47 Jahre später wieder rekonstruiert neu errichtet. Auch die mächtige und größte Quadriga Europas, die einst den Portikus des Schlosses zierte, ist in Siliziumbronze gegossen, wieder an seinem angestammten Platz. Wer die Treppen hinauf zur Quadriga-Plattform besteigt, der genießt nicht nur einen nahen Blick auf die Stadtgöttin Brunonia als Wagenlenkerin, sondern eine herrliche Panoramaaussicht auf die Braunschweiger Innenstadt. Und unten auf dem Schloss-platz ziehen jeden ersten Samstag im Monat die Braunschweiger Jäger von 1776 als Braun-schweiger Schlosswache auf. Im neuen Residenzschloss sind heute das Stadtarchiv, die Stadt-bibliothek und das Schlossmuseum untergebracht. Und gleich nebenan ist mit den Schloss-Arkaden Braunschweigs modernstes Erlebnis-Einkaufszentrum mit über 150 Geschäften behei-matet. So trifft sich auch hier Geschichte mit Gegenwart.

Wer kunstgeschichtlich interessiert ist, der wird ganz sicher dem Herzog Anton Ulrich-Mu-seum einen Besuch abstatten, zumal es als ältestes öffentlich zugängliche Museum Deutsch-lands, im Jahr 1754 gegründet, eine Gemäldegalerie mit Alten Meistern von internationalem Rang beherbergt. Kulturell nimmt Braunschweig in der Metropolregion eine exponierte Rolle ein. Theater und Literatur, das Verlagswesen und Musik, dieses kulturell vielfältige Quartett bildet eine tragende Säule im gesellschaftlichen Leben der Stadt. Hier, wo einst am Herzogli-chen Theater, dem Vorgänger des Staatstheaters Braunschweig, Lessings „Emilia Galotti" und Goethes „Faust I" uraufgeführt worden sind, blüht die Theaterlandschaft prächtig, haben sich Tanz, Konzert und Oper einen festen Platz im Veranstaltungskalender gesichert. Und wer es ruhig und naturnah mag, der wird in der Stadt der Brücken seinen ganz persönlichen Lieb-lingsplatz finden. Durchzogen vom Flüsschen Oker und des Okerumflutgrabens, von Wasser-läufen umschlossen, ist Braunschweig eine Großstadt mit viel Grün geblieben. Bereits um 1800 wurden die alten Festungsanlagen zurückgebaut und in Parkanlagen und Promenaden umge-wandelt. Und so sitzt man im Sommer gerne am Ufer der Oker, schaut den Kajakfahrern und Ruderbooten genüsslich bei Kaffee und Kuchen zu. Und wer es dann doch einmal eilig hat und auf die Uhrzeit achten muss, der kann sich auf die Atomuhr der Physikalisch-Technischen Bundesanstalt verlassen, denn die ist „made in Braunschweig", und nach ihr richtet sich be-kanntermaßen die deutschlandweite Zeitmessung.

ABENDSTIMMUNG IM FRUCHTBAREN UMLAND VON BRAUNSCHWEIG

BRAUNSCHWEIG

Die Mumme, die weltberühmte Wurst und der braune Kohl

Braunschweig kulinarisch. Der Blickwinkel aufs schöne, genussvolle Thema. Stadt und Land empfehlen sich als Botschafter des guten Geschmacks. Seit alters her führen Gastronomen und Produzenten Gutes im Schilde. Aufbauend auf eine über 1000-jährige Kultur des Genießens in der Stadt Heinrichs des Löwen, haben heimische Spezialitäten und Rezepte bis in die Gegenwart ihren Platz und auf den Speisenkarten behauptet. Die Bandbreite in der Kulinarik reicht von gut-bürgerlich bis ins experimentelle Versuchsfeld der Avantgardisten, von regional verwurzelt bis hin zu kosmopolitischen Ausflügen. Braunschweig und die Region, das war in der langen Historie immer auch kulinarisches Pionierland. Mit Spezialitäten, die bis heute unmittelbar mit der Stadt und ihrer Entwicklung verknüpft sind. Da ist ganz prominent die Mumme zu nennen. Der kulinarische Urstoff aus Braunschweig, ein Exportschlager, der im Mittelalter und in der ruhmreichen Zeit der Hanse den Namen Braunschweig über die Weltmeere trug. Ein malzhaltiges Getränk, das vornehmlich als Proviant für die Seefahrer verschifft wurde. Wegen seines hohen Alkohol- und Zuckergehalts war die dickflüssige Braunschweiger Mumme über Wochen haltbar und gehörte damit zur Pflichtausstattung jeder Handelsflotte. Der hohe Nährwertgehalt des stärkenden Bieres sollte die Seefahrer vor Skorbut schützen und ganz sicher auch die Moral an Bord befördern. Im 1675 wurde der Alkoholgehalt verdoppelt, es ist die Geburtsstunde der so genannten „Segelschiff-Mumme", die sirupartig, süß und kräftig war. Dazu genoss man Braunschweiger Schlackwurst oder deftigen Schinken. Die Mumme war im wahrsten Sinne des Wortes in aller Munde. Erst die Erfindung neuerer Konservierungstechniken beendete abrupt den Hype auf das Braunschweiger Ur-Bier, das noch heute im Stadtbild seinen festen Platz hat. Jedes Jahr im November findet unter dem verheißungsvollen Namen „mummekaufgenuss" ein verkaufsoffenes Wochenende statt, das ganz und gar dem Genussthema „Mumme" gewidmet ist. Mit der kleinen Brauerei Nettelbeck gibt es aktuell nur noch eine Brauerei in Braunschweig, die angelehnt an ein Originalrezept aus dem

Mittelalter den einstigen Exportschlager als obergäriges Bier braut. Die Ur-Mumme findet hingegen vor allem als Speisenzusatz für Saucen, Wurst, Käse und Kuchen Verwendung. Zum kulinarischen Stichwort Bier sei erwähnt, dass Braunschweig einst über 300 Brau-häuser in seinem Stadtgebiet hatte. Neben der Mumme und dem Rotbier wurden reines Gerstenbier, Weizenbier und das aus Hannover bekannte Broyhan gebraut. In der Bierstadt Braunschweig sind es heute das Hofbrauhaus Wolters, das seit 1627 wohlschmeckende Biere nach alter Brautradition herstellt sowie die Feldschlösschen-Brauerei, deren Pilsener im Rahmen eines Lohnbrauvertrages ebenfalls von Wolters produziert wird. Die Gasthaus-Brauerei-Tradition in der Löwenstadt wird seit 1985 von Schadt's mit süffigen Bieren nach eigener Rezeptur und ergänzend mit diversen Saisonbieren kultiviert.

Zum Braunschweiger Bier passt die Braunschweiger Wurst, eine Spezialität, die sich nie-mand hat patentieren lassen. So gibt es kein einheitliches Rezept von der streichfähigen geräucherten Mettwurst, die von Braunschweig aus ihren Siegeszug durch die ganze Welt angetreten hat. Zahlreiche Wurstsorten tragen heute die Bezeichnung „Braunschweiger". Auch wenn man in Österreich darunter eine Brühwurst versteht und in den USA die „Brau-schweiger" als Leberwurst genießt, so ist das Produkt doch immer nach der niedersächsi-schen Stadt benannt. Die Möglichkeit der Haltbarmachung der braunschweigischen Wurst über die hiesige Konservenindustrie sorgte in den 1860er-Jahren für den Export in alle Welt. Solch eines globalen Botschafters dürfen sich nur die wenigsten Städte rühmen.

Das kulinarische Braunschweig ist ohne die Tradition des Lebkuchens nicht vollständig beschrieben. Die Welfenstadt und die Lebküchnerei gehören fest zusammen. Neben Nürn-berg und Aachen nannte man im Mittelalter als Lebkuchenmetropole stets auch Braun-schweig im selben Atemzug. Braunschweiger Traditionsbäcker beleben diese Tradition in der Adventszeit mit „Braunschweiger Biberle", Pfefferkuchen und echtem Braunschweiger Honigkuchen. Und gelegentlich trifft man in der Bäckerei Sander auf ein süßes Sandteig-gebäck namens „Apen und Uhlen", das der Legende nach einst Till Eulenspiegel einem Braunschweiger Bäcker in Form von Meerkatzen und Eulen listig untergejubelt haben soll. Nachweisbar hingegen ist die exzellente Qualität des Spargels, der im Braunschweiger Um-land angebaut wird und im Frühling die Speisenkarten der Restaurants bereichert. Im Herbst und Winter ist Grünkohlzeit. Die Braunschweiger sprechen viel lieber vom „Braunkohl", weil man damit so schön auf den Wortstamm der Stadt als vermeintlichen Ursprungsort des Wintergemüses verweisen kann. In jedem Fall ist das vitaminreiche Gemüse fester Be-standteil der regionalen Esskultur und die Bregenwurst ihr unerlässlicher Begleiter.

DER „BRAUNKOHL": EIN KULINARISCHER BOTSCHAFTER DER LÖWENSTADT

UNKONVENTIONELL UND KÖSTLICH

Kreative aromenpointierte Regionalküche im Restaurant Leonhard

GEBRATENER WILDSCHWEINRÜCKEN AN
MARACUJATORTELLINI MIT VANILLEGAR-
NELE UND EISCREME VON DER ZUCCHINI
Dieses Rezept finden Sie auf der Seite 170

Auf das Braunschweiger Gastronomie-Duo Michael Nonn und Thilo Wulke sollten Genießer in der Löwenstadt ihr Augenmerk richten. Was die Freunde fürs Leben in der Leonhardstraße am Umflutgraben der Oker an kulinarischen Petitessen präsentieren, ist das Ergebnis einer hinreißend inszenierten frischen Jahreszeitenküche. Eine Standardspeisekarte gibt es nicht, jeden Tag aufs Neue lässt sich Küchenchef Michael Nonn, den alle nur Michi nennen, zu seiner ganz eigenen kulinarischen Expedition neu inspirieren. Erst nach dem täglichen Einkauf auf lokalen Märkten entscheidet der einst im Restaurant Fischers Fritz in Berlin mit der anspruchsvollen Kulinarik infizierte Koch, was verarbeitet und gekocht wird. Bevorzugt sind dies Viktualien aus der Region, denn Nonn und sein Partner Thilo Wulke, sind von Herzen Lokalpatrioten. So stammt das Wild von Jäger Heinrich Höper aus dem Lappwald, der auch den Drei-Sterne-Gourmettempel eines gewissen Sven Elverfeld damit beliefert. Den Fisch bezieht das Duo direkt von den Teichwirten aus Riddagshausen. Nonn und Wulke kennen sich seit ihrer Kindheit, als sie gemeinsam Hockey spielten, später traf man sich in Hamburg, seit 2012 führen beide gemeinsam das Restaurant Leonhard mit ganz viel Herzblut und Begeisterung. Thilo Wulke gibt souverän den Restaurantchef, der Servicepart ist ihm nach erstklassigen Stationen wie beispielsweise im hoch dekorierten Louis C. Jacob in Hamburg wie auf den Leib geschneidert. Und Michi Nonn ist ein kulinarischer Berserker mit der Lizenz zum Verwöhnen. Alle Saucen, Fonds und Essenzen setzt er höchstpersönlich an. Und lässt sich erfreulicherweise viel Zeit dabei.

Bei aller kulinarischen Ambition kommen Schwellenängste bei der legeren Atmosphäre im Leonhard und dem stets gut gelaunten Laissez faire der Gastgeber erst gar nicht auf. Sommers lockt die herrliche Okerterrasse mit erfrischenden Cocktails und den leckeren saisonalen Kreationen aus der feinen Regionalküche. Das liest sich dann sehr verlockend: „Gebackene Hirschrückenroulade gefüllt mit Blauschimmelkäse und Vulcanospeck, mit Vanille-Garnele und Kräuterschupfnudel, Speckchip und Demiglâce". Und es mundet vorzüglich!

RESTAURANT LEONHARD
Thilo Wulke und Michael Nonn
Leonhardstraße 2, 38102 Braunschweig
Tel. 05 31 / 7 01 88 55
www.leonhard-restaurant.de

IM ZEICHEN DES LÖWEN

Seit 1880 wird bei Heimbs Kaffee feinste Kaffeekultur gepflegt

Der goldene Löwe mit Kaffeetasse im Firmenemblem zeigt die Verbundenheit von Niedersachsens größter Kaffeerösterei mit der Löwen- und Universitätsstadt Braunschweig an. Heimbs Kaffee führt seit 1880 Gutes im Schilde. Kaffee- und Teekultur in Vollendung, und seit dem Gründungsjahr, als Ferdinand Eichhorn das „Spezialgeschäft in Kaffee und Thee" ins Leben rief, werden die Kaffeebohnen in Premiumqualität noch immer auf der Basis traditioneller Handwerkskunst weiterverarbeitet. Heute zählt die Unternehmenstochter des Dallmayr-Konzerns zu den ganz arrivierten Genussadressen in Deutschland. Am Standort Braunschweig arbeiten rund 120 Mitarbeiter, um die gehobene Gastronomie in ganz Deutschland mit den Spitzenprodukten aus dem Hause Heimbs, darunter auch feinste Trinkschokoladen, Tees und Kaffeemischungen in Bioqualität, zu versorgen. Geschäftsführer Klaus Rödel nennt drei wesentliche Erfolgsfaktoren: „Zum einen sind es die kleinen Chargen, die unsere Experten zu Premiumkaffee mit einem exklusiven Geschmackserlebnis verrösten, zum anderen ist es der rein qualitätsorientierte weltweite Rohkaffeeeinkauf und drittens unser patentiertes aerotherm®-Röstverfahren, das den Heimbs-Kaffee einzigartig in der Qualität macht". Im Jahr 1954 hatte die Technische Universität Braunschweig zusammen mit der Firma Heimbs dieses aromaschonende Röstverfahren für die Firma Heimbs entwickelt, in dem die Bohnen quasi schwebend in einem indirekt erhitzten Luftstrom in der Trommel verwirbeln und ohne Kontakt zu heißen Metallteilen ihre Röstaromen nuancenreich entfalten können. Tradition und Moderne gehen längst Hand in Hand. Ein Verkaufshit ist die eigene trendige Espresso-Marke Allegretto, aber auch der klassische Filterkaffee ist noch immer en vogue. Zwei Tipps für alle Heimbs-Aficionados: Im Obergeschoss der Braunschweiger Schloss Arkaden ist das Heimbs Café angesiedelt. Und jeden Freitag wird auf dem Betriebsgelände am Rebenring der Kaffee direkt an die Kunden verkauft. Einige Geschäfte innerhalb des Stadtgebietes führen die erlesenen Produkte ebenfalls.

HEIMBS KAFFEE GMBH & CO. KG
Klaus Rödel
Rebenring 30, 38106 Braunschweig
Tel. 05 31 / 3 80 02 - 0
www.heimbs.de

KULINARISCHER ALLROUNDER

Im Landgasthaus Aligse setzt Thomas Gessner auf deutsche Klassik

GRAND-MARNIER-PARFAIT
Dieses Rezept finden Sie auf der Seite 171

Es liegt rund 16 Kilometer östlich von Hannover und ist seit 1974 in der Stadt Lehrte eingegliedert. Die Rede ist von Aligse, dem schmucken Dorf mit dem schönen Gasthaus in der Mitte. Das von Thomas Gessner betriebene „Landgasthaus Aligse" war schon immer die gastliche Adresse in dem noch heute landschaftlich geprägten Ort. Ein wahres Schmuckstück mit seinen unterschiedlich gestalteten Galträumen. Von gediegen-modern bis rustikal-bodenständig reicht die Vielfalt der gastronomischen Outlets. Der erfahrene Koch Thomas Gessner bietet im behaglich eingerichteten Restaurant seines historischen Fachwerkgebäudes eine traditionsbewusste deutsche Küche mit klassischen Wurzeln. Alles wird frisch aus marktfrischen Zutaten von Bauernhöfen und Erzeugern aus der Region zubereitet und à la minute serviert. „Wir kochen hier mit Leib und Seele und legen größten Wert auf erstklassige Qualität und handverlesene Zutaten", unterstreicht Thomas Gessner. Die Zahl der Stammgäste ist groß. Kamen früher die Groß- und Urgroßeltern ins Landgasthaus, so sind es heute die Enkel und Urenkel. Ein Klassiker aus der Landhausküche ist die Aligser Hochzeitssuppe „mit reichlich Einlage", wie der Gastwirt betont. Frisch aus dem Ofen kommt die hausgemachte Rinderroulade nach Omas Art und nicht mehr wegzudenken von der Speisenkarte sind auch die delikaten Sonntagsbraten mit Schmorsauce sowie der Klassiker „Himmel und Erde". Dass man im Landgasthaus Aligse auch ganz ausgezeichnet Kaffee- und tagesfrische Kuchenspezialitäten im romantischen Caféstübchen genießen kann, hat sich ebenfalls herumgesprochen. Im Sommer bietet sich der schöne Café- und Bier-Garten an und der prächtige Festsaal ist seit Urzeiten der ideale Ort, um in rustikaler Atmosphäre dieses über Generationen gewachsenen Landgasthauses unvergessliche Stunden zu erleben. Ein echter Allrounder unweit der Landeshauptstadt.

LANDGASTHAUS ALIGSE
Thomas Gessner
Peiner Heerstraße 30, 31275 Lehrte
Tel. 0 51 32 / 9 23 83 19
www.landgasthaus-aligse.de

DAS PHAENO, WOLFSBURGS SICHT AUF DIE WELT DER PHÄNOMENE

SCHLOSS WOLFSBURG

WOLFSBURG

Attraktive Großstadt am Puls der Zeit

Stadt der Vielfalt und der Kontraste. Modern, urban und dynamisch, an der Peripherie nostalgisch, historisch und ländlich-fein, so präsentiert sich Wolfsburg heute als bedeutender Wirtschaftsstandort und Erlebnisstadt. Niedersachsens östlichste Großstadt ist jung. 75 Jahre jung, um exakt zu sein, denn als „Stadt des KdF-Wagens bei Fallersleben" am 1. Juli 1938 vom damaligen Oberpräsidenten in Hannover per Erlass gebildet, trägt die Stadt erst seit 1945 den heutigen Namen. Ihre Entwicklung vom 900-Seelendorf zu einer der spannendsten und innovativsten Städte Niedersachsens in nicht einmal drei Generationen ist fulminant. Heute leben und arbeiten hier über 123 000 Einwohner. Europas größter Autokonzern, die Volkswagen AG mit 50 000 Beschäftigten am Stammsitz, ist der Impulsgeber für Stadt und Region. Und doch hat es Wolfsburg geschafft, den häufig stereotyp verwendeten Namenszusatz „Autostadt" in Richtung des faszinierenden Angebotes der mobilen Erlebniswelten in der Stadt kommunikationstechnisch zu verlagern. Wolfsburg spielt auf der Klaviatur der gewollt inszenierten Kontraste aus Tradition und Moderne mit großem Geschick und planerischer Weitsicht. Die Stadt an der Aller und am Mittellandkanal, die im Jahr 2009 zur familienfreundlichsten Stadt in Niedersachsen gewählt wurde, ist schlicht lebenswert. Die Angebote sind mitunter von spektakulärer Machart und genießen, wie etwa das „phaeno", nicht selten solitären Status. Aus dem Staunen kommt man in dieser deutschlandweit einmaligen Experimentierlandschaft mit ihren 350 Phänomenen aus Naturwissenschaft und Technik gar nicht mehr heraus. Wie eine begehbare architektonische Skulptur scheint das futuristische Gebäude in direkter Nähe zum denkmalgeschützten Hauptbahnhof zu schweben.

Jung und erlebnishungrig gibt sich Wolfsburg allenthalben. Die aufstrebende Ostfalia-Hochschule, das Science-Center und der InnovationsCampus sind nur drei Beispiele dafür, wie weitsichtig Wolfsburg agiert, um Potenziale und Menschen an den Standort zu binden. Und das grüne Wolfsburg steht dem in nichts nach. Haben über Jahrzehnte die vier markanten Schornsteine des historischen VW-Kraftwerkes die Stadtsilhouette maßgeblich geprägt, so ist mittlerweile das weitläufige Naherholungsgebiet Allerpark mit seinem schönen Annasee und dem künstlich angelegten Arenasee hinzugekommen. 130 Hektar Natur und Erlebnis pur mit einer Vielzahl an Freizeitmöglichkeiten offeriert dieser öffentliche Themenpark. Derartige grüne Lungen gibt es in Wolfsburg zahlreich. Und inspirierende Kulturräume und Erlebnisorte von internationaler Reputation außerdem. Offenkundig ist, dass neben der weltweit anerkannten Technikkompetenz das Thema Kultur zum weiteren Markenzeichen der Stadt geworden ist. Zu nennen ist das etwa das Kunstmuseum Wolfsburg, aber auch das in der Autostadt jährlich inszenierte Tanzfestival Movimentos. Oder die Internationale Sommerbühne im Innenhof der Wolfsburg, die im Stil der norddeutschen Renaissance ab dem 16. Jahrhundert mit seinem markanten Zwiebelturm zum Schloss Wolfsburg ausgebaut wurde. Im Schloss mit seinem schönen Barockgarten ist auch das Hoffmann-von-Fallersleben-Museum untergebracht. Es ist jenem Dichter und Denker gewidmet, der uns das „Lied der Deutschen", die spätere Nationalhymne, schenkte.

Über Wolfsburg leuchten die Sterne besonders hell und grandios. Der Sternenprojektor Starmaster in Niedersachsens größter Sternenkuppel im Planetarium Wolfsburg lässt sie gleich tausendfach funkeln. Drei von ihnen leuchten über Wolfsburgs bestem Restaurant, dem Aqua im Fünf-Sterne-Hotel Ritz Carlton in der Autostadt. Sven Elverfelds Drei-Sterne-Küche zählt zu den kreativsten in Europa, und sie ist ein weiteres Aushängeschild der pulsierenden Großstadt Wolfsburg. Von kulinarischem Pioniergeist angetrieben, ist aus der Autostadt auch sonst Hochlöbliches zu vermelden. Unter dem selbst aufgelegten Credo „Natürlich Autostadt" setzten die zehn Autostadt-Restaurants seit 2003 wegweisend auf regionale und saisonale Produkte aus biologischem Anbau. Der Slow Food-Gedanke wird gefördert und die regionale Esskultur. Man staunt nicht schlecht, dass es die kulinarischen Protagonisten und Botschafter der hochtechnisierten Großstadt sind, die sich für den Erhalt des original Braunschweiger Braunkohls „Roter Krauser" und der alten Kartoffelsorte „Rosa Tannenzapfen" nachhaltig engagieren. Auch das hauseigene Bio-Brot wird in der Manufaktur „Das Brot" für die Gäste in der Lagunenwelt von VW täglich mehrmals frisch gebacken. Da schließt sich der Kreis um Transparenz und kompromisslose Qualität, und das Autostadt-Motto „Menschen, Autos und was sie bewegt", rundet sich zu einem stimmigen Bild. Wolfsburg hat sich zudem als zukunftsorientierte Einkaufsstadt mit modern gestaltetem Mode-Boulevard einen Namen gemacht, nicht zuletzt wegen seines innerstädtischen Designer Outlet Centers. Wer Shopping mit Genießen verknüpfen möchte, der hat die angenehme Qual der Wahl aus über 120 Restaurants und Cafés. Und dann gibt es da noch zwei Pflichttermine, die sich Genießer in Wolfsburg rot markieren: das alljährliche Weinfest sowie das überregional bekannte Gourmetfest.

KORNBRENNEREI SEIT 1706

Neuester Coup aus Sülfeld ist die Whisky-Produktion in Manufaktur

Ganz im Westen von Wolfsburg liegt Sülfeld, unweit von Fallersleben. Als Gutshof von Sulefeld wurde der Flecken 1339 erstmals urkundlich erwähnt. Ein paar Jahrhunderte später – im Jahre 1706 – wurde erstmals in Sülfeld Korn gebrannt. Das war die Geburtstunde des bis heute weit über die Ortsgrenzen hinaus bekannten „Sülfelder Korns". Vor ein paar Jahren hat Gutshofbesitzer Hermann Lübbecke-Grünhagen als Nachfahre seines Urahnen, des preußischen Offiziers und Kornhändlers Hans Lübbecke, den Brennerei-Standort am historischen Schauplatz wieder neu und erfolgreich belebt, heimste er doch schon bald so manche Prämierung ein.

Was Lübbecke-Grünhagen und sein Team in kleinen Chargen und handverlesenen Editionen experimentierfreudig produzieren, ist von feinster Machart. Das Sortiment umfasst annähernd 40 verschiedene Edelbrände, Liköre und Kräutergeister. Mit dem Obstbrand „Traubenkirsche Sekunda" und dessen feinem Mandelgeschmack hat es der engagierte Gutsbesitzer gar zum „Kulinarischen Botschafter Niedersachsens 2010" gebracht. Verkaufschlager sind der mit Pfeffer und Zimt angereicherte Likör „Hasenpfeffer" und der Blutorangen-Wodkalikör „Wolfsblut". Und der nächste Brennerei-Coup ist bereits in der Realisierungsphase. Hermann Lübbecke-Grünhagen möchte die Autostadt Wolfsburg zur „Whiskystadt" erweitern. Das einstige Brennhaus von 1706 ist zur Schaubrennerei mit eigener Whisky-Produktion umgebaut worden. Auf dem alten Originalsteinfußboden ruhen die ersten Eichenholzfässer mit dem edlen Whisky namens „Sulivilun", der niederdeutschen Schreibweise von Sülfeld. In der eigens angefertigten Brennblase mit luftgekühltem Doppelkolbenhelm wird der edle Brand in Premiumqualität destilliert, ehe er zur mehrjährigen Reifung in den historischen Gewölbekeller kommt. Vom Maischen des eigenen Getreides bis zum Brennen und Lagern, alle notwendigen Arbeitsschritte werden in Sülfeld unter dem Gutshofdach in Manufaktur getan. Die Sülfelder Whisky-Brennerei ist die erste ihrer Art in der Region Wolfsburg und nimmt damit wie vor rund drei Jahrhunderten einmal mehr die Rolle des Pioniers ein.

BRENNERSTEAK MIT „DRÖGE PLUM"
Dieses Rezept finden Sie auf der Seite 172

SÜLFELDER KORN
Hermann Lübbecke-Grünhagen
Dorfstraße 27, 38442 Wolfsburg
Tel. 0 53 62 / 30 39
www.suelfelderkorn.de

TRADITIONSGASTHOF MIT CHARME

Familie Pessel und der Lindenhof: Eine Erfolgsgeschichte

RÜCKEN VOM JUNGHIRSCH IM PILZ-
CREPE MIT KLEINEN WIRSINGBÄLLCHEN
Dieses Rezept finden Sie auf der Seite 173

Ein Familienbetrieb wie aus dem Bilderbuch, das ist der Lindenhof in Nordsteimke, im Osten von Wolfsburg gelegen. Ein über Generationen hinweg gewachsener Gasthof im stilvollen Fachwerkgewand, der gleich gegenüber dem Heinrich-Büssing-Haus liegt. Während das Museum in der früheren Dorfschmiede, gleichzeitig Geburtshaus des Pioniers im Lastwagen- und Omnibus-Bau, von Leben und Schaffen des großen Sohnes Heinrich Büssing berichtet, verantwortet im Traditionsgasthaus Lindenhof die Familie Pessel seit vielen Jahrzehnten die kulinarischen Geschicke der gastlichen Einkehr. Heute ist es Björn Pessel, der den Gasthof mit der Weitsicht des kochenden Gastgebers führt. Schon immer war der Lindenhof für seine bodenständige Regionalküche bekannt. Beliebt sind bis zum heutigen Tag die Themenbuffets und saisonalen Angebote wie Spargelessen oder „Gans satt". Björn Pessel war nach Stationen in der Schweiz auch bei Drei-Sterne-Koch Sven Elverfeld im Gourmetrestaurant Aqua im Wolfsburger Luxushotel Ritz Carlton tätig. Hier verfeinerte der Küchenchef seine bereits zuvor international ausgebildete kulinarische Handschrift. Sehr zur Freude der Genießer, die im Restaurant des inzwischen 31 Hotelzimmer umfassenden Familienanwesens nun ein breit gefächertes lukullisches Angebot genießen können. Bei aller Weiterentwicklung ist der Familienleitspruch „weil wir sie gerne bewirten" die Triebfeder des täglichen Schaffens geblieben. Im schönen Festsaal wird gefeiert und nach Herzenslust geschlemmt. Das Restaurant wiederum offeriert eine verfeinerte Jahreszeitenküche, die neben kreativen Einflüssen immer auch tradierte Gerichte bereithält. Das sind dann Klassiker wie das das Jägerschnitzel mit Rahmsauce, das auch Spitzenkoch Sven Elverfeld bei seinen Besuchen im Nordsteimker Gasthof gerne genießt. Ganz neu ist der schöne Wintergarten, arriviert hingegen die Kochevents unter dem Motto „Kochklasse" beim Volkswagen-Konzern und die externen Bankette in der Region, so beispielsweise für den Triple-Sieger 2013 der Fußballfrauen vom VfL Wolfsburg.

LINDENHOF NORDSTEIMKE
Björn Pessel
*Heblinger Straße 10, 38446 Wolfsburg
Tel. 0 53 63 / 9 75 73
www.lindenhofnordsteimke.de*

PRÄMIERTE BIOFEINKOST

Im Sonnenschein Biomarkt von Julia Mondry wird Frische groß geschrieben.

Begonnen hat alles vor 30 Jahren mit einem kleinen Naturkostladen. Seinerzeit eine Keimzelle der Bio-Bewegung in der Region. Heute ist Julia Mondrys Sonnenschein Biomarkt Wolfsburgs erste Adresse für Natur- und Feinkost. Auf 400 m² erfaltet sich die großzügige Präsentation der rund 5000 Naturkostprodukte. Ein Schlaraffenland für alle, die sich gerne gesund und natürlich ernähren möchten. „In unser Sortiment kommen bevorzugt Lebensmittel der renommierten Bio-Anbauverbände Demeter und Bioland", beschreibt Julia Mondry die Philosophie des Sonnenschein Biomarktes. 200 Sorten an frischen Kräutern, Obst und Gemüse umfasst die vielfältige Gemüseabteilung, möglichst bezogen von regionalen Erzeugern. Der Backshop präsentiert sich mit einer Auswahl der besten Produkte der regionalen Bio-Bäcker. Das Standard-Vollkornsortiment wird ergänzt durch eine Reihe von Spezialitäten, wie glutenfreies Brot oder Kamuttoast und Olivenbaguette. Ein weiteres Highlight ist die mehrfach vom Gourmetmagazin „Der Feinschmecker" ausgezeichnete Käsetheke. So finden sich zahlreiche Spezialitäten aus Kuh-, Schaf- und Ziegenmilch, wie zum Bespiel mit Merlot getränkter Gorgonzola oder Ziegenmerlin mit Kräuterkruste. Hauchdünn geschnittener Serrano-Schinken, italienische Salami und reichlich Antipasti in Bedienung lassen jedes Feinschmeckerherz höher schlagen. Fleisch- und Wurstwaren, geräucherte Fischköstlichkeiten, Frisch-Fisch, Milchprodukte auch laktosefrei oder solche auf Sojamilchbasis, Weine und Spirituosen, Bio-Biere, Quellwasser, Nahrungsergänzung und Bio-Kosmetik, ergänzen die umfangreiche Produktpalette. Und wer gleich vor Ort in den Genuss der vitalen Küche kommen möchte, kann nach dem Motto „lecker, schnell und gesund" mittags die frisch zubereiteten vegetarischen Bio-Gerichte aus deutscher und internationaler Küche probieren. Ergänzend gibt es freitags auch ein Fisch- oder Fleischgericht und samstags ist Suppentag. Über allem steht das Credo der Frische und Nachhaltigkeit oder wie es Julia Mondry prägnant formuliert: „Bio verfolgt stets den Anspruch Feinkost zu sein".

SONNENSCHEIN BIOMARKT
Julia Mondry
Goethestraße 42 a, 38440 Wolfsburg
Tel. 0 53 61 / 1 58 22
www.sonnenschein-biomarkt.de

REZEPTE

GEBRATENER WILDSCHWEINRÜCKEN IM SPECKMANTEL, GEFÜLLT MIT
PFERDESALAMI AN MARACUJATORTELLINI, GEFÜLLT MIT SPINAT-RICOTTA,
VANILLEGARNELE, BROMBEER-INGWERSAUCE UND EISCREME VON
DER ZUCCHINI

Restaurant Leonhard, Seite 152

ZUTATEN FÜR 4 PERSONEN

WILDSCHWEINRÜCKEN

*640 g Wildschweinrücken pariert (4 x 160 g), 4 Scheiben
Pferdesalami, 20 Scheiben Speck, Salz, Pfeffer*

MARACUJATORTELLINI GEFÜLLT MIT SPINAT-RICOTTA

*50 ml Maracujasirup, 4 Vollei, 500 g Mehl, 250 g Blattspi-
nat, 250 g Ricotta, 2 Schalotten, 10 g Butter, 1 Knoblauchzehe, 1 Zweig Thymian, Rosmarin, Zesten von 1 Zitrone,
Salz, Pfeffer, Zucker, Cayenne, Curry, Paprika edelsüß,
Muskat*

VANILLEGARNELEN

*4 Garnelen, 1 Vanilleschote, 1 Zweig Thymian, Rosmarin
10 g Butter, Salz, Pfeffer, Cayenne, Zucker*

BROMBEER-INGWERSAUCE

250 g Brombeeren, 15 g Ingwer, 25 g Zucker,

*150 ml Zitronenbrause, 1/2 Vanilleschote, 1 Sternanis,
1 Langpfeffer*

EISCREME VON DER ZUCCHINI

*1 Zucchini, 150 ml Gemüsebrühe, 15 g Ras el-Hanout,
10 g Tandoori, Prise Pfeffer, Salz, Zucker, 1 Löffelspitze
grüne Currypaste, 1 Zwiebel, 2 fest kochende Kartoffeln,
150 ml Sahne, 1 Vollei, 2 Eigelb 1 Langpfeffer*

ZUBEREITUNG

WILDSCHWEINRÜCKEN

Ofen auf 160 Grad vorheizen. Speck kreuzförmig auslegen, Wildschweinrücken mit Salz und Pfeffer würzen,
6 Scheiben Pferdesalami schuppenförmig auf das Fleisch
legen, Fleisch auf Speck legen und den Speck zusammen-
falten. Öl in der Pfanne erhitzen, das Fleisch von allen
Seiten anbraten und dann 13 Minuten in den Ofen geben.

NUDELTEIG

Den Maracujasirup mit den Eiern verrühren, dann nach und nach das Mehl zugeben und zu einem geschmeidigem Teig kneten. 30 Minuten abgedeckt in den Kühlschrank legen.

FÜLLUNG

Ricotta in eine Schüssel geben, Blattspinat waschen; Knoblauchzehe, Thymian, Rosmarin und Schalotten kleinhacken. Öl in der Pfanne erhitzen und Blattspinat anbraten. Knoblauch und Schalotten dazugeben; mit Salz, Zucker, Pfeffer, Muskat und Curry abschmecken, Butter dazugeben und durchschwenken, zum Ricotta in die Schüssel geben und mit Cayenne, Paprika und der Zitronenzeste geschmacklich abrunden.

TORTELLINI

Den gekühlten Nudelteig dünn ausrollen und Kreise ausstechen, die Spinat-Ricotta-Masse in einen Spritzbeutel füllen und so mittig auf die Teigkreise spritzen; mit Wasser die Teigränder befeuchten und zum Halbmond falten, die Spitzen zueinanderführen, die rechte Spitze auf die linke legen und fest aneinanderdrücken. Wasser im Topf zum Kochen bringen und Tortellini 3 Minuten kochen. Anschließend in einem Topf mit Butter, Salz und Pfeffer schwenken.

VANILLEGARNELEN

Öl in der Pfanne erhitzen, Garnelen von beiden Seiten je 1 Minute braten, Butter dazugeben, die restlichen Gewürze und Kräuter dazugeben, durchschwenken.

BROMBEER-INGWERSAUCE

Alle Zutaten in einen Topf geben, 15 Minuten köcheln lassen, Sternanis und Langpfeffer herausnehmen, dann pürieren und passieren. Warm halten.

EISCREME VON DER ZUCCHINI

Öl mit Butter im Topf erhitzen, Zwiebeln, gewaschene und klein geschnittene Kartoffeln und klein geschnittene Zucchini anschwitzen, mit Tandoori und Ras el-Hanout ablöschen, mit Sahne und Brühe auffüllen, restliche Zutaten dazugeben und kochen, bis die Kartoffeln weich sind; dann pürieren und passieren. Vollei und Eigelb in einer Schüssel verrühren und langsam die Masse hineinrühren. Die Masse in den Gefrierschrank stellen und alle 30 Minuten glatt rühren, bis die Eiscreme fertig ist; oder wenn Sie eine Eismaschine besitzen, einfach die Masse hineingeben.

GRAND-MARNIER-PARFAIT
Landgasthaus Aligse, Seite 156

ZUTATEN FÜR 18 PERSONEN

400 ml Sahne, 200 ml Orangensaft, 120 g Zucker
80 ml Grand Manier, 3 Eigelb, 1 Ei, 1 Vanilleschote

ZUBEREITUNG

Zuerst die Sahne steif schlagen und kalt stellen. Danach den Zucker karamellisieren, mit Orangensaft ablöschen und den Karamell lösen. Die Vanilleschote auskratzen, das Mark mit den Eiern und dem unter Rühren langsam hinzugefügtem Orangensaft und Grand Marnier über dem Wasserbad aufschlagen.
Die Masse in der Küchenmaschine kalt laufen lassen bis sie cremig wird. Nun die kaltgestellte Sahne vorsichtig unter die Masse heben. Anschließend in Formen füllen, z.B. in zwei mit Frischhaltefolie ausgelegte Brotbackformen. Anschließend für mindestens 5 bis 6 Stunden in den Froster stellen.

Mit Früchten wie Erdbeeren oder anderem Obst servieren.

REZEPTE

BRENNERSTEAK MIT „DRÖGE PLUM"
Sülfelder Korn, Seite 164

ZUTATEN
FLEISCH

1 kg Rumpsteak, 400 g Kräuterquark, Petersilie, Schnittlauch, Majoran, Thymian, 4 Karotten, 400 g Süß-kartoffeln, 300 g Körnermais, 1 EL Butter, 1 TL Zucker, Salz, Pfeffer

CHUTNEY

200 g Trockenpflaumen, 75 g Aprikosen, 3 große Stücke kandierter Ingwer, 1/2 grüne Chili, 1/2 gelbe Chili, 1/2 Zartbitter-Riegel-Kuvertüre, 2 EL Sahne, 2 EL Zucker 40–80 ml Sülfelder „Dröge Plum", 35 % Vol.

ZUBEREITUNG

Die Trockenpflaumen und Aprikosen mit dem Zucker in 600 Milliliter Wasser geben, langsam zum Kochen bringen, beiseite stellen und quellen lassen. Erneut aufkochen. Dann die Schokolade und die Chilis (ohne Kerne) in Streifen schneiden, fein hacken, gemeinsam mit den Ingwerstücken dazugeben, etwa 20 Minuten kochen lassen, danach Sahne und „Dröge Plum" hinzufügen, umrühren. Anschließend alles solange pürieren, bis auch die Aprikosen homogenisiert sind.

1 Esslöffel Butter und 1 Teelöffel Zucker in einer Pfanne karamellisieren lassen, die Möhre und das Möhrenkraut auf 4 Zentimeter einkürzen und im karamellisierten Zucker-Butter-gemisch wenden und ablegen. Den Körnermais in die Pfanne dazugeben, ständig wenden und gar kochen, bis die Flüssigkeit komplett einreduziert ist.

Die ungeschälten, zuvor abgewaschenen Süßkartoffeln circa 4 Minuten in der Mikrowelle erhitzen, oder 20 Minuten im vorgeheizten Backofen in Alufolie bei 220 °C garen.

Den Kräuterquark mit etwas Schnittlauch verfeinern oder mit Petersilie, Schnittlauch, Majoran und Thymian nach eigenem Geschmack abschmecken.

Die Rumpsteaks in 3 Zentimeter starke Scheiben schneiden und im auf 200 °C vorgeheizten Kontaktgrill je nach Konsistenz 4 bis 6 Minuten garen lassen. Anschließend mit Süßkartoffeln, Karotten, Quark und Chutney anrichten.

Tipp: Das Chutney schmeckt auch ausgezeichnet zu Pfannkuchen.

RÜCKEN VOM JUNGHIRSCH IM PILZCRÊPE MIT KLEINEN WIRSING-BÄLLCHEN

Lindenhof Nordsteimke, Seite 166

ZUTATEN FÜR 4 PERSONEN
HIRSCHRÜCKEN

1 kg Hirschrücken, pariert, je 1 Zweig Rosmarin und Thymian, 1 Knoblauchzehe, 1 EL Butterschmalz oder Öl zum Braten

CRÊPE

2 Eier, 50 g Mehl, 125 ml Milch, 10 g getrocknete Steinpilze, 50 g frische, kleine Pfifferlinge, Salz, 10 g Butter oder Margarine, Salz, Pfeffer

FARCE

500 g Wildbrät, 200 ml Sahne, 2 Eiweiß, je 1/2 Bund Schnittlauch und krause Petersilie,

WIRSINGBÄLLCHEN

1 kleiner Wirsingkohlkopf, 2 Zwiebeln, fein gewürfelt 150 g Bauchspeck, fein gewürfelt, 2 EL Pflanzenmargarine, 1 Prise Muskat, Salz, Pfeffer

ZUBEREITUNG

Den Hirschrücken in Öl anbraten, Hitze reduzieren und die gehackten Kräuter und Knoblauchzehe dazu geben. Fleisch auf ein Küchentuch legen und auskühlen lassen. Für die Farce Petersilie grob hacken, mit Eiweiß und Sahne in einer Küchenmaschine pürieren, um eine Färbung der Farce zu erzielen. Den Schnittlauch in Röllchen dazugeben und alles mit dem Wildbrät vermengen, mit Salz und Pfeffer und vielleicht Wildgewürz abschmecken. Für die Crêpes die getrockneten Steinpilze in einem Mörser oder kleinen Küchenmaschine relativ fein mahlen und mit dem Mehl, Eier, Milch und eine Prise Salz in einer Schüssel zu einem glatten Teig verschlagen. Circa 5 Minuten quellen lassen. Die kleinen Pfifferlinge reinigen und in feine Scheiben schneiden, in einer beschichteten Pfanne leicht anschwitzen und salzen, Teig darüber geben und backen, bis die Unterseite leicht gebräunt ist. Anschließend wenden und fertig backen.

Zwei Crêpes aneinander legen, rechteckig zuschneiden, auf eine Bahn Klarsichtfolie legen und mit einem Teil Farce bestreichen. Den Hirsch rundum mit Salz und Pfeffer würzen und in den Crêpe von einer Längsseite her einrollen. Fest in die Klarsichtfolie und danach in Alufolie wickeln und die Enden fest verzwirbeln wie ein Bonbonpapier. In den 180 °C vorgeheizten Backofen geben und 15 Minuten garen, anschließend die Temperatur reduzieren auf 80 °C und das Fleisch noch 10 Minuten ziehen lassen. Vor dem Servieren ganz kurz in einer beschichteten Pfanne mit etwas Butter die Crêpes goldig anrösten und dann in schöne Scheiben schneiden.

Für die kleinen Wirsingbällchen die schönsten acht äußeren Blätter separat legen, Strunk entfernen und blanchieren, den restlichen Kopf achteln, Strunk entfernen und in mittlere Streifen schneiden. In einer großen Pfanne zuerst die Speckwürfel anbraten, danach Zwiebelwürfelchen dazu geben und nun die Wirsingstreifen mitschmoren. Dabei ruhig mit Salz und Pfeffer und etwas Muskat würzen, dann fällt der Wirsing schneller zusammen. Abschmecken, da der Speck auch viel Würze abgibt. Masse abkühlen lassen. Einen Eiskugelausstecher oder Suppenkelle nehmen und von den Blättern vorsichtig eins hinein legen. Die geschmorte Wirsingmasse einfüllen und die überstehenden Blätterteile nach innen einschlagen, leicht andrücken und die Halbkugeln so aus der Form lösen. Mit im Backofen bei 80 °C erhitzen oder im Dampfgarer erwärmen, vor dem Servieren mit etwas Butter ab glänzen.

REZEPTVERZEICHNIS

ADRESSVERZEICHNIS

ADRESSVERZEICHNIS

Besondere Adressen für Sie entdeckt

Elsass – Alsace
272 Seiten, Hardcover
978-3-86528-557-7

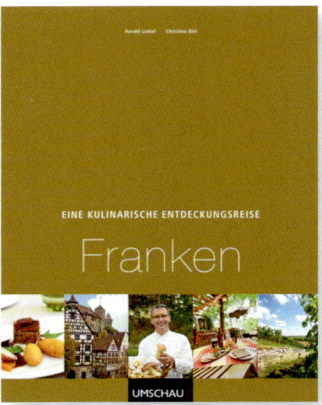

Franken
200 Seiten, Hardcover
978-3-86528-553-9

Mecklenburg-Vorpommern
368 Seiten, Hardcover
978-3-86528-460-0

Stuttgart
160 Seiten, Hardcover
978-3-86528-559-1

Salzkammergut
200 Seiten, Hardcover
978-3-86528-550-8

Zürich
160 Seiten, Hardcover
978-3-86528-544-7

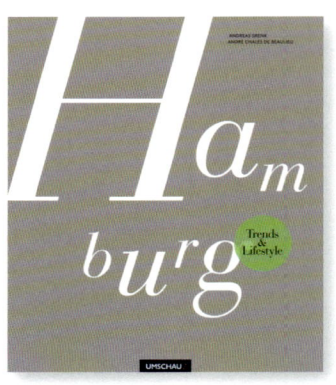

Hamburg
160 Seiten, Hardcover
978-3-86528-455-6

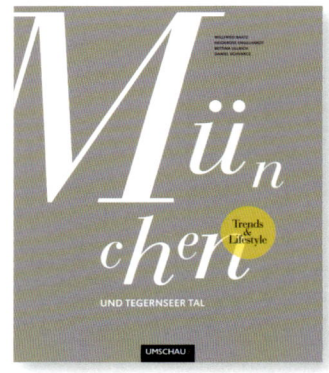

München und Tegernseer Tal
224 Seiten, Hardcover
978-3-86528-551-5

**Bestes Handwerk vom
Schwarzwald bis zum Neckar**
144 Seiten, Hardcover
978-3-86528-519-5

Bestes Handwerk Wien
160 Seiten, Hardcover
978-3-86528-468-6

Raum & Design München
200 Seiten, Hardcover
978-3-86528-546-1

**Faszination Welterbe
Deutschlands Norden**
256 Seiten, Hardcover
978-3-86528-545-4

Weitere Empfehlungen für Sie

La mia cucina
Sante de Santis
192 Seiten, Hardcover
978-3-86528-710-6

Wild
Harald Rüssel
208 Seiten, Hardcover
978-3-86528-734-2

Die Champagner Macher
320 Seiten
Hardcover mit Schutzumschlag
978-3-86528-716-8

What Katie Ate
304 Seiten, Hardcover
978-3-86528-683-3

Sweet Vegan
144 Seiten, Softcover
978-3-86528-761-8

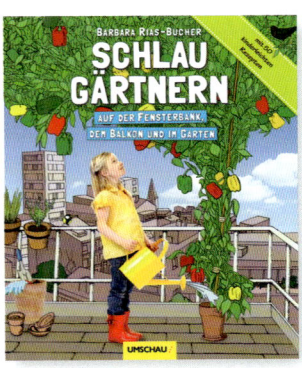

Schlau gärtnern
Auf der Fensterbank, dem Balkon und im Garten
256 Seiten, Hardcover
978-3-86528-733-5

Die genussvollen Seiten des Lebens

Für weitere Informationen über unsere Reihen
wenden Sie sich direkt an den Verlag:

Neuer Umschau Buchverlag
Moltkestraße 14
D-67433 Neustadt/Weinstraße

☎ + 49 (0) 63 21 / 8 77-852
🖨 + 49 (0) 63 21 / 8 77-859
@ info@umschau-buchverlag.de

Besuchen Sie uns
auch im Internet:
www.umschau-buchverlag.de

IMPRESSUM

RECHERCHE UND TEXT
Ingo Schmidt, Goslar
www.feines-land.de

Ingo Schmidt

FOTOS
André Chales de Beaulieu, Hannover
www.photo-cdb.de

LEKTORAT, GESTALTUNG UND PRODUKTION
komplus GmbH, Heidelberg
www.komplus.de

REPRODUKTION
Blaschke Vision, Freigericht

KARTE
Trantow Atelier, Grafik & Illustration
Herbolzheim
www.trantow-atelier.de

DRUCK UND VERARBEITUNG
NINODRUCK GmbH, Neustadt/Weinstraße
www.ninodruck.de

Printed in Germany
ISBN: 978-3-86528-386-3

Besuchen Sie uns im Internet:
www.umschau-buchverlag.de

Wir bedanken uns für die freundlicherweise zur
Verfügung gestellten Fotos bei:

Seite 27 Mitte: Pier 51
Seite 67 unten: Pfefferhaus Hannover
Seite 86 und 87: Landhaus am See
Seite 88 und 89: Gosch Sylt an der Markthalle
Seite 108: Meines Saal
Seite 123 oben: Fotolia, Martina Berg
Seite 123 unten: Fotolia, BildPix.de
Seite 124 links: Fotolia, BildPix.de
Seite 135 unten: Gut Remeringhausen
Seite 137: Gut Remeringhausen
Seite 151: Fotolia, Photo SG
Seite 153 oben und 170: Restaurant Leonhard